Jip en Janneke 2

Annie M.G. Schmidt (1911-1995)
Staatsprijs voor kinder- en jeugdliteratuur 1964
Constantijn Huygensprijs 1987
Hans Christian Andersenprijs 1988

Fiep Westendorp (1916-2004)
Oeuvre-Penseel 1997

Ander werk van Annie M.G. Schmidt en Fiep Westendorp
Het hele schaap Veronica (versjes, 1960, 1972, 2002)
Tante Patent en de grote Sof (1968, 2002)
Pluk van de Petteflet (1971) Zilveren Griffel 1972
Floddertje (1973)
Otje (1980) Gouden Griffel 1981
Jorrie en Snorrie (Kinderboekenweekgeschenk, 1990)
Ibbeltje (1996)
Pluk redt de dieren (2004)

Ander werk van Annie M.G. Schmidt
Abeltje en De A van Abeltje (1953, 1955)
Wiplala (1957) Kinderboek van het jaar 1957
Het beertje Pippeloentje (versjes, 1958)
Wiplala weer (1962)
Minoes (1970) Zilveren Griffel 1971
Ziezo. De 347 kinderversjes (1987)
Beestenboel (versjes, 1995) Venz Kinderboekenprijs 1996
Ik wil alles wat niet mag (versjes, 2002)
Het grote Annie M.G. Schmidt voorleesboek (2005)
Jip en Janneke. Sinterklaas komt (2005)
Allemaal sprookjes (2008)
Zing mee met Annie M.G. (2008)

Annie M.G. Schmidt

Jip en Janneke 2

Met tekeningen van Fiep Westendorp

Amsterdam · Antwerpen
Em. Querido's Uitgeverij BV
2010

www.annie-mg.com
www.fiepwestendorp.nl
www.jipenjanneke.nl
www.queridokinderboeken.nl

De avonturen van Jip en Janneke verschenen tussen 1952 en 1957 wekelijks op de kinderpagina van *Het Parool*. Vanaf 1953 werden ze gebundeld in een reeks die aanvankelijk bestond uit acht boekjes, en vanaf 1963 uit vijf deeltjes. De verhalen uit die reeks werden opgenomen in grote bundel *Jip en Janneke*, die in 1977 voor het eerst werd uitgegeven. De zwart-wit illustraties zijn in de loop van de jaren door Fiep Westendorp ingrijpend gemoderniseerd.

FSC Mixed Sources
Productgroep uit goed beheerde bossen en andere gecontroleerde bronnen
www.fsc.org Cert no. SGS-COC-001940
©1996 Forest Stewardship Council

Eerste druk, 1963; zesenveertigste, herziene druk, 2005; drieënvijftigste druk, 2010

Omslagillustratie Fiep Westendorp
Omslagontwerp Monique Gelissen
Vormgeving binnenwerk Studio Cursief

ISBN 978 90 451 1049 3 / NUR 281

Inhoud

’n Egeltje in de tuin

Takkie jankt. Hij jankt zo zielig... ‘Jeng, jeng, jeng,’ huilt Takkie.

‘Wat is er dan?’ vraagt Jip.

‘Heb je pijn aan je pootje?’ vraagt Janneke.

Maar Takkie kan niet zeggen waar het zeer doet. Hij trekt Janneke mee aan haar jurk. Naar buiten. Naar de tuin. Jip draaft erachteraan. En kijk toch. Wat zit daar in het gras? Een beest! En zo’n gek beest! Een beest met allemaal stekeltjes.

Takkie blaft en springt om het gekke beest heen. Maar hij durft verder niets te doen.

Hij heeft zeker zijn neus geprikt, zegt Jip. Takkie heeft zijn neus geprikt aan dat dier. Het lijkt wel een speldenkussen.

En Jip en Janneke gaan moeder roepen. ‘Er zit een speldenkussenbeest in de tuin,’ roept Janneke.

‘Hij prikt Takkie in zijn neus,’ schreeuwt Jip.

Moeder komt en zegt: ‘Ach, dat is warempel een egeltje! Je maakt het egeltje aan ’t schrikken. En Jip, ga eens een schoteltje melk halen. Als we lief zijn voor ’t egeltje, komt hij morgen weer terug.’

‘Waarom heeft hij stekeltjes?’ vraagt Jip.

‘Wel,’ zegt moeder, ‘nu kunnen de hondjes hem niet bijten. En de katjes kunnen hem niet krabben. En niemand kan hem kwaad doen. Hij zet lekker zijn stekeltjes op.’

‘Ik heb géén stekeltjes,’ zegt Jip.

‘Nee,’ zegt moeder. ‘Stel je voor, dat jij stekeltjes had. Dan zou ik je nooit meer een zoen kunnen geven... En laat nu dat egeltje maar in de tuin lopen. Die komt morgen weer terug.’

En ja hoor, de volgende dag is hij er weer. Hij komt zijn schoteltje leegdrinken. En het leukste is dat Takkie hem helemaal niet meer wil bijten. Takkie vindt het best dat het egeltje komt. En zo hoort het ook.

Bootje varen

'Ik heb een schip,' roept Janneke. 'Het bed is een schip.'

'Er moet eerst een zeil op,' zegt Jip.

Jip en Janneke spelen in de slaapkamer. In de slaapkamer bij Janneke thuis. Want het regent. En moeder heeft gezegd: 'Ga de keuken uit. En gauw.'

En nu zitten ze dus op het grote bed. En het bed is een schip.

'Ik weet wat,' zegt Janneke. 'Hier is een droogrek. Dat is de mast.'

'En nu een zeil,' zegt Jip. 'Wel, dat is makkelijk. Het zeil is natuurlijk een laken.'

O, wat een echt schip is het nou!

'Waar gaan we naartoe?' vraagt Janneke.

'Naar Amerika,' zegt Jip.

'Mag Takkie ook mee?'

'Ja, Takkie moet ook mee.'

'En de poes?'

'De poes ook.'
'En de beer? En Poppejans?'
'Ja hoor, iedereen moet mee.'
'Nu moeten we nog eten hebben,' zegt Janneke. 'Voor onderweg.'
'Haal jij eens wat eten,' zegt Janneke. 'Uit de keuken.'
En Jip haalt een stuk brood, een fles melk en een peer. Hij doet het in een mandje. En hij loopt ermee de keuken uit.
'Hé, hé,' zegt moeder, 'waar gaat dat naartoe?'
Maar Jip heeft zo'n haast. Hij geeft geen antwoord.
Zo, nu hebben ze een schip vol. En daar gaan ze. Helemaal over de zee. En het stormt zo! En de golven zijn zo hoog! En bijna valt Takkie overboord. En ach, daar valt de fles melk om!
'Wat doen jullie toch?' vraagt moeder. Ze is ineens binnengekomen. 'O, o, wat een stoute kinderen! Alles in bed! En de melk ook!'
'Ja, maar het stormde ook zo,' zegt Jip.
'We waren bijna in Amerika,' zegt Janneke.
Maar moeder wil niet luisteren. Ze jaagt alle beesten uit het schip. En ze neemt de mast er af. En het zeil. En ze jaagt Jip en Janneke naar de huiskamer.
Jammer, hè?

Bellen blazen

'Kijk,' zegt Janneke. 'Zo moet je doen. Ik zal je leren hoe je moet bellen blazen.'

En Janneke neemt de pijp. En ze steekt de pijp in het zeepsop. En dan blaast ze.

Er komt een hele mooie bel. Janneke houdt op met blazen. 'Mooi hè?' zegt ze.

'Heel mooi,' zegt Jip.

Daar gaat de bel. Hij vliegt de lucht in. Hij gaat heel zachtjes naar boven. En de zon schijnt erin. En de bel is mooi paars, en roze.

Nu gaat Jip het proberen. Het is niet moeilijk. Hij blaast ook een grote zeepbel. Maar Jip wil de bel nog groter, en nog groter. En dan fffft daar spat hij uit elkaar.

'Hèèè,' zegt Jip. 'Wat jammer.'

'Je maakt hem te groot,' zegt Janneke. 'Dan gaat hij kapot.'

Jip is nu heel voorzichtig.

Kijk, hij blaast de ene bel na de andere. En Janneke ook.

Nu zit er een op Jips haar. O, wat leuk. Fffft, daar spat hij weer.

Nu komt Takkie erbij.

'Niet aankomen, Tak,' zegt Janneke.

Maar Takkie vindt het heel gek. Hij wordt boos op de bellen. Hij hapt ernaar. En hij blaft heel hard. En hij hapt alle bellen stuk.

'Niet doen, Tak,' roept Jip.

Maar Takkie vindt het een leuk spel. Zodra er een bel geblazen is, zegt Takkie: 'Hap.'

'Stoute hond,' zegt Jip. En hij gooit Takkie nat. Met het zeepsop.

'Jeng jeng jeng,' jankt Takkie.

'Zie je nou,' zegt Jip. 'Dat gebeurt er met stoute hondjes.'

En Takkie loopt weg, met zijn staart tussen zijn pootjes.

En dan kunnen Jip en Janneke weer verdergaan.

Brandweertje spelen

Hoei, hoei, hoei...! klinkt het buiten.

Hoei... hoe-oe-oe-oe-oei!

'Wat is dat?' roept Jip. En hij loopt naar het raam.

Janneke komt ook gauw aangelopen.

'De brandweer,' zegt Jip. 'Kijk, de brandweer.'

Er komt een grote rode brandweerauto voorbij. En er zitten brandweermannen op. Met helmen. En er is een ladder bij.

En een spuit.

Hoei hoei hoei! Daar zwaait de brandweerauto de hoek om. Weg is hij.

'Jammer hè,' zegt Janneke. 'Jammer, hè, hij is zo gauw weg.'

'Ja,' zucht Jip. 'Mooi hè!'

'Zullen we brandweertje spelen?'

'Goed,' zegt Janneke.

Nu moeten ze een auto hebben. Die lange tafel is de auto.

En helmen? Jip haalt twee pannen uit de keuken.

Die zetten ze op. En de slang van de stofzuiger is de spuit.

Dat is een mooi spel. Jip roept heel hard: 'Hoei! Hoe-oe-oe-oe-oei!'

En Janneke roept: 'Hoe-oe-oe-oe-oei.'

Zo rijden ze naar de brand.

'Kijk,' zegt Jip. 'Daar staat een huis in brand. Dat moeten wij blussen. Gelukkig zijn we nog op tijd.'

'Sssssssssj' doet Jip met de spuit.

'We hebben nog geen ladder,' roept Janneke. 'Even wachten met blussen, we moeten nog een ladder halen.'

En Janneke komt terug met de keukentrap. Zij is een dappere brandweerman, die Janneke. Ze klimt op de ladder. En ze gaat het brandende huis in. En ze redt Beer.

Die arme Beer. Hij zat in het brandende huis.

Ziezo, de brand is geblust.

En de brandweerauto rijdt weer naar huis.

'Gaan we het nu met echt water doen?' vraagt Jip.

Maar moeder komt net binnen. Ze ziet hoe mooi de brandweerauto is. En ze zegt: 'Nee, het is al echt genoeg hoor. Met water mag het niet. Je doet maar net of je spuit!'

Zo spelen Jip en Janneke brandweertje. De hele middag. En ze blussen wel tien branden.

Varkentje van goud

Jip en Janneke mogen samen naar de winkel van meneer Smit. Om kaarten uit te zoeken. Want meneer Smit heeft zulke mooie nieuwjaarskaarten.

Daar staan ze samen uit te zoeken.

'Deze, deze!' roept Janneke. 'Kijk eens. Een varkentje van goud!' Ja, het is een mooie kaart, met een gouden varken erop.

'Die is nog mooier,' zegt Jip.

Hij heeft een slee gezien met twee jongetjes erop en twee hondjes ervoor.

Ze mogen er ieder drie kopen. En het is erg moeilijk om uit te kiezen.

Eindelijk heeft Janneke het varken en een poes en een mand met bloemen. Allemaal goud.

En Jip heeft de slee en een auto met vergeet-mij-nietjes en een vliegtuig met vergeet-mij-nietjes.

Dan gaan ze naar huis. Want ze moeten eten.

'Daag,' zegt Jip.

'Daag,' zegt Janneke.

En 's middags gaat Jip de kaarten versturen. Een naar tante Miep. En een naar oma. Moeder houdt zijn hand vast. En dan schrijft hij zelf netjes het adres.

'Nu is er nog een kaart. Die met de slee.'

'Voor wie is die, Jip?' vraagt moeder.

'Voor Janneke,' zegt Jip.

'Goed,' zegt moeder. En Jip schrijft Jannekes adres op. En moeder houdt zijn hand weer vast.

Ziezo. Daar zal Janneke van opkijken.

En de volgende morgen kijkt Jip uit het raam. Daar komt de postbode aan. Hij kijkt of de postbode de kaart in Jannekes bus doet.

Nee, de postbode komt eerst bij Jip thuis. Hij doet een boel brieven in de bus. Er is ook een gekleurde kaart bij.

Jip rent naar de brievenbus.

En kijk, daar is een kaart voor Jip. Een kaart met een varkentje erop. Een gouden varkentje.

'Die is van Janneke,' roept Jip.

En daar komt Janneke al aan. Zij heeft de kaart gekregen met de slee. 'Dank je wel,' zegt ze.

'Jij ook dank je wel,' zegt Jip.

En dan gaan ze hun appelflap eten. Die is nog over van gisteravond.

In 't kippenhok

'Waar ga jij naartoe?' vraagt Jip.

'Ik moet de kippen eten geven,' zegt Janneke. Ze heeft een bord met graantjes. En met een paar stukjes aardappel.

'Ik ga mee,' zegt Jip.

En samen gaan ze naar het kippenhok. Het kippenhok in Jannekes tuin.

'Tok tok tok,' roepen de kippen.

'Ze zien het al,' zegt Janneke. De kippen fladderen tegen het gaas op.

Janneke doet een klein luikje open. En ze strooit het eten naar binnen.

'Ik ook,' zegt Jip.

Hij krijgt ook een handvol om te strooien.

'Au!' roept Jip.

De haan heeft hem gepikt. De haan is zo gulzig. Hij springt hoog en pikt Jip.

'Lelijke haan!' schreeuwt Jip. 'Kijk, hij douwt

ook de kippen opzij. Hij gunt ze niks. Hij wil alles alleen. Lelijke haan!'

En dan is het bordje leeg.

'Gaan ze nou eitjes leggen?' vraagt Jip.

'Ik weet het niet,' zegt Janneke.

'Weet je dat niet? Maar het zijn toch jouw kippen?'

'Ja,' zegt Janneke. 'Maar eitjes leggen doen ze in het leghok. En dat doen ze geloof ik 's nachts.'

'De haan ook?'

‘De haan niet,’ zegt Janneke. ‘De haan legt nooit een ei.’

Jip kijkt heel lang naar de haan. En de haan kijkt heel brutaal terug. Dan gaat hij op zijn tenen staan en zegt: ‘Ku ku-u-u-u kuuu!’

‘Nou,’ zegt Jip. ‘Hij heeft veel te veel praats. Hij wil het meeste eten. En hij douwt iedereen opzij. En hij doet net of hij de koning is. Hij gaat op zijn tenen staan en maakt een hoop drukte. Maar eitjes leggen. Ho maar!’

En Jip steekt zijn tong uit tegen de haan.

Maar de haan trekt er zich niets van aan.

Elfjesfeest

'Moeder,' zegt Jip, 'er is een elfjesfeest.'

'Zo,' zegt moeder, 'waar dan?'

'Bij Rietje thuis,' zegt Jip. 'Ik moet een elfjespak hebben en Janneke ook.'

'O,' zegt moeder en zij gaat een praatje maken bij Rietjes moeder.

En het is waar. De volgende week is daar een elfjesfeest en alle kinderen zijn elfjes. Alle kinderen uit de buurt. 'Nou,' zegt moeder, 'dus jullie ook.'

En Jip en Janneke krijgen ieder een elfjespak. Janneke krijgt een snoezig jurkje met een sluiertje van gaas. En Jip krijgt een broekje en een jasje van zij en een madelief op zijn hoofd. Zij moeten nu leren dansen en zij moeten een liedje zingen:

Trala, wij dansen toch zo graag,
in veld en beemd, bij rozenhaag

'Wat is beemd?' vraagt Jip.

'Ik weet het niet,' zegt Janneke.

'Wij hebben ook een rozenhaag,' zegt Jip.

'Ja, in de tuin,' zegt Janneke.

'Zullen wij daar gaan dansen?' vraagt Jip.

'Goed,' zegt Janneke. 'Maar dan moeten wij eerst ons pak aan.'

Dan doet Jip zijn zijden broekje aan met de madelief. En Janneke doet haar blauwe jurkje aan met het sluiertje.

En dan gaan ze achterin de tuin. Het is wel erg koud, maar als je danst heb je het niet koud.

'Pas op, daar is het vies,' zegt Janneke.

'Zou dat beemd zijn?' vraagt Jip. 'Zullen wij in het beemd dansen?'

'Hé,' horen zij opeens.

Het is Jips vader. Hij komt heel haastig de tuin in.

'Wat doen jullie daar, schavuiten?' roept hij.

'Wij waren elfjes,' zegt Jip, 'en wij dansen in beemd.'

'Naar binnen,' roept vader, 'gauw. Middenin de winter in de tuin met die dunne pakjes aan. Jullie krijgen griep en dan kun je helemaal niet naar het elfjesfeest.'

Jip en Janneke huilen een beetje, want hun pakjes zijn vies.

Moeder is ook heel boos, maar zij maakt de pakjes weer netjes schoon.

'Moeder, wat is beemd?' vraagt Jip.

'Buiten op het land is het beemd,' zegt moeder. 'Maar je moet er niet in, hoor! Anders word je ziek.'

En nu gaan Jip en Janneke thuis dansen en hun liedje leren, want over een paar dagen moeten zij elfjes zijn. Zonder griep.

Bloemen plukken

Het is lente. En Jip heeft gele sokken aan. Net zo geel als de krokussen. Net zo geel als de boterbloemen. En Janneke heeft blote benen.

'We gaan heel ver weg,' zegt Jip. 'We gaan heel ver wandelen.'

'Niet te ver hoor,' zegt moeder.

Daar gaan zij. 'We doen wie het eerst bij de wilgenboom is,' zegt Jip. En hij holt. Hij holt zo hard! En Janneke rent achter hem aan. Zij kan niet zo hard als Jip. Zij hijgt. Zij roept: 'Wacht nou even, Jip.'

Daar staat Jip al in de wei. Bij de wilgenboom. En hij zegt: 'Ik was lekker eerst.'

'Zullen we bloemetjes plukken?' vraagt Janneke. 'Ik pluk madeliefjes.'

'En ik pluk deze,' zegt Jip, 'die gele.'

'Bah, dat zijn paardebloemen,' zegt Janneke.

'Niet waar,' zegt Jip. 'Het zijn geen paardebloemen. Het zijn... Het zijn...' Hij weet het niet goed. 'Het zijn rozen. Het zijn gele rozen.'

'Ha, ha,' lacht Janneke. 'Het zijn geen rozen, gekkerd.'

Wel waar en Jip plukt maar door. En dan zijn ze op. Hij ziet er geen een meer.

'Daar is er nog één,' roept Janneke. 'Daar bij het slootje.'

O ja. Jip ziet ze ook. Wel tien. Hij gaat er gauw

naartoe, maar er staan ook brandnetels. Hij moet heel voorzichtig zijn.

'Au,' roept Jip. 'Au, au...' Hij heeft zich geprikt. En hij wordt heel boos.

'Lelijke brandnetel,' roept hij. 'Lelijke, gemene brandnetel!'

En hij trapt erop. En nog eens en nog eens. En dan doet Jip een stap achteruit. En hij stapt pardoes in het slootje.

O, o! Daar staat hij. Met twee voetjes in de sloot.

Hij is zo geschrokken. Hij vergeet te huilen. Van de schrik. Gelukkig is het niet diep.

'Kom gauw,' roept Janneke. 'Ik geef je een hand.'

En Janneke sjort en trekt.

Pssss, zegt de modder in het slootje. Hè, hè, Jip is aan de kant.

'Je sokken,' zegt Janneke. 'O, je mooie, gele sokken. Helemaal vies. Ze zijn groen geworden. Groen van het kroos.'

Jip en Janneke gaan naar huis. En moeder zegt: 'Wat heb je nou toch weer gedaan, Jip? Je schoenen, je sokken.'

'Ik kon het niet helpen,' zegt Jip.

'Nee, hij kon het niet helpen,' zegt Janneke. 'Het kwam door de paardebloemen.'

'Het zijn geen paardebloemen,' zegt Jip. 'Alsjeblieft, moeder, gele rozen.'

En dan is moeder zo blij. Ze vergeet helemaal de gele sokken.

Tak-tak-tak

Wat een weer! En zo koud!

Jip en Janneke zitten voor het raam. En de regen tikt tegen de ruiten. Tik tik tik.

Maar dan zegt de regen opeens: Tak! Tak! Tak!! En het is geen regen meer.

'Hagel!' roept Jip. 'Kijk, hagelstenen!'

'Wat een grote,' zegt Janneke. 'Doe het raam eens open!'

Jip doet het raam open. Het gaat een beetje zwaar. Hij moet erg hard duwen. Zo, het is open. En dan komt de hagel naar binnen.

Pik! op Jips neus. En pik! op Jannekes neus.

'Au!' roepen Jip en Janneke. Maar ze lachen toch. Want het is zo leuk om uit het raam te hangen als het hagelt. Er liggen nu een hoop stenen in de vensterbank.

'Wat een mooie, hè?' zegt Jip.

'Ja,' zegt Janneke. 'Ik doe ze in een kopje. Voor moeder.'

'Ik ook,' zegt Jip.

En ze nemen elk een kopje. Jip vangt de stenen op. Uit de lucht.

Maar Janneke neemt de stenen van de vensterbank.

Ze hebben nu ieder een kopje halfvol.

'Mooi hè,' zegt Jip. En hij graait erin, met zijn vingers.

'Kom,' zegt Janneke. 'We brengen ze naar jouw moeder.'

En dan gaan ze naar de keuken.

'Moeder!' roept Jip. 'We hebben een kado.'

'Even wachten,' zegt moeder. Want ze is aan het koken. En ze moet de aardappels afgieten. Het duurt erg lang.

'Zo,' zegt ze dan. 'Wat is er? Laat maar eens zien.'

Jip houdt het kopje naar voren. En Janneke ook.

'Wat is dat?' zegt moeder. 'Water!'

'Niet...' schreeuwt Jip. 'Stenen!'

Maar dan kijkt hij in het kopje. Ach, het zijn geen hagelstenen meer. Ze zijn gesmolten. En er zit alleen nog maar water in.

En bij Janneke? Bij Janneke ook.

Jammer hè? 'Kom, dan gaan we nieuwe halen.' Maar het hagelt niet meer. De zon schijnt. Ze kunnen naar buiten. En dat is nog veel fijner!

Moeder is ziek

'Sssst,' zegt vader, 'je moet stil zijn. Moeder is een beetje ziek. Zij ligt in bed en ze mag niet wakker worden.'

Janneke komt binnen.

'Sssst,' zegt Jip. 'Moeder is ziek. Je moet heel stil zijn.'

Jip en Janneke lopen nu op hun teentjes door het huis en zij fluisteren.

'Weet je wat,' zegt vader, 'straks mogen jullie haar een kopje thee brengen. Als zij wakker is, thee op bed.'

Vader schenkt de thee in en Janneke smeert een beschuit, want dat kan zij erg goed. Zij doet er suiker op.

'Zo,' zegt vader, 'en nu mag je samen de thee naar boven brengen op een blaadje. Maar zachtjes, hoor! Goed zo, wat zijn jullie groot!'

Jip en Janneke gaan naar boven. Janneke draagt het blaadje.

'Nou ik even,' zegt Jip.

'Nee,' zegt Janneke, 'ik mag het dragen.'

'Nee,' roept Jip, 'nou ik.'

O, o, ze krijgen ruzie. Ruzie op de trap. Jip trekt aan het blaadje en Janneke trekt ook en dan opeens rinkeleking... daar valt het kopje thee. Het valt de trap af en het beschuitje ook.

Moeder roept vanuit bed: 'Wat doen jullie toch?'

En vader zegt onderaan de trap: 'Hè, wat zijn jullie nog klein.'

En Jip en Janneke huilen allebei. Zij moeten het zelf opruimen. En dan mag Janneke weer een kopje thee boven brengen en Jip een beschuit. Ieder op een eigen blaadje en dan gaat het zo goed.

'Dank je wel hoor,' zegt moeder. 'Ik word er beter van.'

Kappertje spelen

Jip moet naar de kapper. Maar hij wil niet. Hij gaat in de tuin zitten. En hij schopt tegen een steen.

'Ik wil niet,' zegt hij. 'Ik ga toch lekker niet.'

'Zal ik je haar knippen,' zegt Janneke. 'Met een schaar?'

'Ja,' zegt Jip, 'dat is goed.'

Janneke haalt de schaar. Uit moeders naaidoos. En zij komt ermee in de tuin.

'Nou moet je heel stil zitten,' zegt ze.

Jip zit heel stil. Knip knap doet de schaar.

'Au,' roept Jip.

'Stilzitten,' schreeuwt Janneke.

Ze knipt en ze knipt en ze knipt. Jips haar valt op de grond.

'Is het nog niet klaar?' vraagt Jip.

'Nee,' zegt Janneke. 'Het wordt zo raar, net een trap.'

'Ik wil het in de spiegel zien,' zegt Jip. Hij gaat

naar binnen. Hij kijkt in de spiegel. Zijn haar is zo gek. Overal zijn plukken uit.

Moeder komt binnen en roept: 'Jakkes. Wie heeft dat gedaan?'

'Ik,' zegt Janneke. 'Maar het is nog niet klaar. Er moet nog meer af, Jip.'

'Nee,' zegt moeder, 'Jip moet heel gauw naar de kapper. Dat kan niet zo.'

Dan moet Jip toch naar de kapper. En de kapper knipt hem helemaal kaal. Zo kaal als een knikker.

En Jip is zo boos op Janneke. Zo boos! Hij zegt: 'Nou ga ik Jannekes vlechtjes afknippen.' Hij pakt de schaar. Maar waar is Janneke? Zij is nergens te vinden. Nergens, nergens. Janneke is weggekropen. Zij is bang voor Jip.

Noten en doppen

Janneke heeft noten gekregen. Een handvol noten. Van boer Jansen. Het zijn okkernoten, heeft boer Jansen gezegd.

'Ha fijn,' zegt Jip. 'We moeten ze kraken.'

Jip neemt de hamer van vader. En hij slaat hard op een noot. Au! Hij slaat helemaal niet op de noot. Hij slaat op zijn duim!

'Au!' huilt Jip en hij stopt zijn duim in zijn mond. En hij stampt op de vloer met zijn voet, van de pijn.

'Zie je wel,' zegt Janneke. 'Het moet niet met een hamer.'

'Hoe moet het dan?'

'Het moet tussen de deur,' zegt Janneke. 'Maar je moet niet je vinger er ook nog bij steken. Je moet alleen de noot ertussen doen.'

Eerst doen ze de deur open. Dan stoppen ze de noot ertussen. En dan doet Jip de deur dicht.

'Krak,' zegt de noot.

'Mooi,' roept Janneke.

En nou gauw eten. Ze kunnen nu de dop er makkelijk afhalen. En ze kraken een heleboel noten tussen de deur.

Totdat Jips moeder komt, en zegt: 'Dat mag volstrekt niet.'

'Waarom niet, moeder?'

Omdat de deur daarvan stukgaat. 'Hier,' zegt moeder. 'We hebben immers een echte notenkraker? Hier! En nu nooit meer tussen de deur.'

Dat is leuk. De notenkraker is een mannetje. Met twee benen. Nu is het nog leuker om noten te kraken.

Eindelijk lusten ze geen noten meer.

'Kijk,' zegt Janneke. 'Dit is een wiegje.' Janneke heeft er een beetje watten in gedaan. En nu is het een wiegje.

'Voor wie?' zegt Jip. 'Voor de pop is 't wiegje te klein.'

'Voor een vlieg,' zegt Janneke. 'Een wiegje voor een vliegje.'

Maar er is geen een vlieg die in het wiegje wil.

Nu wacht Janneke op iemand anders die in het wiegje wil. En die erin kan.

Opa is jarig

Jip zegt: 'Mijn opa is jarig.'

'Gaan we naar hem toe?' vraagt Janneke.

'Ja,' zegt Jip. 'Ik heb een kado voor hem.'

'Wat dan?'

'Een pijp,' zegt Jip. 'Hij heeft al een pijp. Maar hij krijgt nog een pijp. Een zondagse.'

'Ik heb geen kado,' zegt Janneke. Ze vindt het heel naar.

'Weet je wat,' zegt Jip. 'We gaan bloemetjes plukken. Een heleboel bloemetjes. In de wei.'

Dat is een mooi plan.

Jip en Janneke gaan naar de wei. Er staan paardebloemen, maar die zijn niet mooi genoeg. En er staan boterbloemen.

Maar die zijn ook niet mooi genoeg.

'Kijk, margrieten,' zegt Janneke.

Ze plukken een hele bos margrieten.

'Kijk,' zegt Janneke. 'Ik kan een kransje maken

van margrieten. Kijk maar.' En ze gaat zitten. En ze maakt met haar nageltje gaatjes in de steeltjes. En ze vlecht de bloemen aan elkaar. Nu is het een mooi kransje! O, wat een mooi kransje.

Als Jip en Janneke bij opa komen, zegt Jip: 'Wel gefeliciteerd, opa. En hier is het kado.'

'Dank je wel, jongen,' zegt opa. 'O wat fijn. Een pijp!'

'Voor de zondag,' zegt Jip.

'Wel gefeliciteerd, opa,' zegt Janneke. 'En hier is het kado.'

En ze geeft opa de krans.

'Dat is prachtig,' zegt opa. 'Die krans zet ik op mijn hoofd.'

En opa zet de krans op zijn hoofd. Het staat heel lief.

Nu moeten Jip en Janneke een liedje zingen. En ze zingen van: 'In een groen groen knollenknollenland'.

'Keurig,' zegt opa.

En dan krijgen ze een glas limonade. En een stuk cake.

Een taart met holletjes

'Alweer een taart?' vraagt Jip. 'Is je moeder jarig?'

'Nee,' zegt Janneke.

'Wie dan?' zegt Jip.

'Niemand is jarig,' zegt Janneke. 'Maar vanavond is er visite. En daarom is er een taart. Maar we mogen er niet aankomen.'

'Helemaal niet?' vraagt Jip teleurgesteld.

'Morgen krijgen we een stuk,' zegt Janneke.

'Mag ik er wel aan ruiken?' vraagt Jip. En hij doet het meteen. Hij ruikt eraan. 'M-m-m-m,' zegt hij. 'Lekker. M-m-m-m.'

'Ik ook ruiken,' zegt Janneke. Maar ze doet het zo haastig dat haar neusje in de room zakt.

'Kijk nou,' zegt Jip. 'Een holletje in de taart. Een holletje van jouw neus.'

'Oooooh...' zegt Janneke verschrikt.

‘En er zit room aan je neus,’ zegt Jip.

Janneke haalt het er met haar vinger af, en dan eet ze het op.

‘Kijk,’ zegt Jip, ‘nu zit er een holletje in de taart. Je moeder is vast boos.’

‘Ja,’ zegt Janneke sip.

'Weet je wat,' zegt Jip, 'als we nou allemaal holletjes maken, zo helemaal rondom, dan is het net of het zo hoort.'

En hij stopt zijn neusje in de taart. En daarnaast nog eens. En daarnaast nog eens.

'Nou ik weer,' zegt Janneke.

Om beurten steken ze hun neus in de taart. En dan vegen ze hun neus af. En eindelijk is er een hele kring holletjes, rondom de taart.

'Zie je wel?' zegt Jip. 'Nou is het net of het zo hoort.'

Maar o wee... Jip en Janneke hebben vergeten bij het laatste holletje hun neus af te vegen.

En als ze in de kamer komen, zegt Jannekes moeder: 'Wat hebben jullie nou gedaan?'

'Niks,' zegt Janneke. Maar ze krijgt een kleur.

'Niks,' zegt Jip.

'Wat heb je daar aan je neus?' vraagt moeder streng. En ze veegt Jip over z'n neus. 'Room!' zegt ze. 'Jullie hebben toch van de taart geproefd. Stoute kinders!'

En dan vertelt Jip het hele verhaal. En dan laten ze moeder de mooie taart zien. De taart met holletjes. En dan moet moeder toch lachen.

Hu, een spin

'Een spin!' roept Jip. 'Kijk, een spin!'

Janneke komt hard aanlopen.

'Oeh...' zegt ze. 'Wat een griezelige spin.' Janneke is bang voor spinnen.

'Hij zit in een web,' zegt ze. 'Kijk, in een groot web.'

'Ja,' zegt Jip. 'Dat heeft hij zelf gemaakt. En ik ben niet bang voor spinnen. Ik durf hem best te pakken.'

'Oeh!' zegt Janneke weer. En ze gaat een eindje achteruit. 'Je durft het niet...' zegt ze.

'Wel,' zegt Jip.

Hij komt vlakbij de spin met zijn handje. Nu vindt hij het zelf toch ook wel eng.

'Zie je wel,' zegt Janneke. 'Je durft het niet.'

En dan grijpt Jip in het web en pakt de spin vast. Hij heeft de spin helemaal in zijn hand. En het beest kriebelt en krabbelt heel erg. Jip loopt ermee naar Janneke.

'Oeh Oeh Oeh!' gilt Janneke. En ze loopt gillend weg.

Jip heeft de spin allang weer laten lopen. Maar hij doet net of hij de spin nog heeft. En hij rent achter Janneke aan. Janneke loopt hard naar Jips moeder. 'Oeh!' gilt ze weer.

'Wat is er toch?' vraagt Jips moeder.

'Jip heeft een spin...' huilt Janneke.

'Och, malle meid,' zegt moeder. 'Daar hoef je toch niet zo bang voor te zijn. Waar is hij, Jip?'

'Weg...' zegt Jip. En hij laat zijn lege hand zien.

'Heb je het web kapotgemaakt?' vraagt moeder.

'Ja,' zegt Jip. 'Helemaal kapot.'

'Hé...' zegt moeder. 'Dat moet je nooit doen. Dat is de spin z'n huisje. En hij heeft het zelf gebouwd. En dat is een heel werk. Je moet nooit iets kapotmaken wat iemand zelf gemaakt heeft.'

Jip gaat gauw kijken in de tuin. Hij gaat de spin zoeken. Maar die is nergens meer te vinden.

De volgende dag vindt Jip de spin weer. Hij is weer bezig een nieuw web te maken.

'Kijk, Janneke,' zegt hij. 'De spin maakt een nieuw huisje.'

'Niet kapotmaken, hoor,' zegt Janneke.

'Nee,' zegt Jip.

Winkeltje spelen

Janneke heeft een winkeltje. Een echt winkeltje. Met een toonbankje. En met laatjes. Een laatje voor griesmeel. Een voor suiker. En een voor rijst. En er zijn kleine stopflesjes.

'Jij bent de klant,' zegt Janneke. 'En ik ben de winkeljuffrouw.'

'Zit er echt rijst in?' vraagt Jip. 'En echt suiker?'

'Ja,' zegt Janneke. 'En ik heb zakjes ook. En ik heb een weegschaal.'

'Dag juffrouw,' zegt Jip. 'Hebt u een pond rozijnen?'

'Ja zeker, meneer,' zegt Janneke. Ze doet drie rozijnen in een zakje. 'Verder nog iets, meneer?'

'Dat is geen pond,' zegt de meneer. 'Dat zijn er maar drie.'

'Het is een pond,' zegt de juffrouw. 'En het kost vijftig cent. Hebt u vijftig cent?'

'Nee,' zegt de klant. 'Ik heb geen geld bij me.'

'Dan krijgt u de rozijnen ook niet,' zegt de juffrouw.

'Dat is gemeen,' schreeuwt Jip.

'Niet waar,' roept Janneke. 'Als je kopen wil, moet je ook betalen.'

Maar nu pakt Jip de hele la met rozijnen en hij eet ze op.

'Moeder!' snikt de juffrouw van de winkel. 'Hij eet mijn hele winkel op. En hij betaalt niet.'

'Weet je wat,' zegt moeder. 'Ik heb hier knopen. Die knopen zijn munten.'

Nu kan Jip betalen als hij iets koopt.

Dat is fijn. Nu heeft Jip geld.

'En geen ruzie meer,' zegt moeder. 'Anders wordt de winkel gesloten.'

Aap, zebra en nog meer

'Ik zie de papegaai al!' roept Jip.

Ze staan voor het hek van de dierentuin. Jip en Janneke en Jips moeder.

'Een heleboel papegaaien,' zegt Janneke.

Ze gaan naar binnen. En ze lopen zomaar tussen de papegaaien door. Die schreeuwen zo hard. Janneke is een beetje bang. En ze houdt moeders hand goed vast. Maar Jip vindt het leuk.

'Kijk, de apen!' schreeuwt Jip. En ja, daar zitten de apen. Bovenop een rots. En ze klauteren zo leuk. Moeder heeft een zak met nootjes. En Jip en Janneke mogen nootjes geven aan de apen.

'Hier,' zegt Jip. En hij geeft een noot aan een klein aapje. Maar een hele grote aap pakt het af. Telkens weer.

'Wat lelijk van hem, hè?' zegt Jip.

'Kom,' zegt moeder. 'We gaan naar de olifanten.'

Jip en Janneke vinden het allemaal even prachtig. De olifanten. En de leeuw. En de tijger. Maar de krokodil vinden ze eng. Die heeft zijn bek zo wijdopen. En hij heeft zoveel tanden.

Janneke vindt de zebra het mooiste.

'Zoveel streepjes...' zucht ze. 'Hoe komen die streepjes erop?'

'Geverfd,' zegt Jip.

'Heus?' vraagt Janneke.

'Ja, kijk maar,' zegt Jip. 'Die daar is doorgelopen.'

Janneke kijkt. Maar de doorgelopen zebra draait zich net om.

'Zebra!' roept Janneke. 'Zebra, kom eens hier.'

Maar de zebra komt niet.

'Ga je mee naar de beertjes?' vraagt moeder.

Ze zien de beren nog en ze zien de giraffe nog. En dan zijn ze zo moe.

En als ze thuis zijn, vraagt Janneke aan haar vader: 'Wie verft de zebra's altijd, pap?'

'Niemand,' zegt vader. 'Die zijn zo.'

'O,' zegt Janneke. Ze vindt het een beetje jammer. Ze zou het zo leuk gevonden hebben om eens te kijken als de zebra geverfd wordt. Door een mannetje met een grote kwast. En een pot verf.

Maar in elk geval: het was fijn in de dierentuin.

Zand

'Mogen we in de zandbak?' vraagt Jip.

'Als het zand niet te nat is,' zegt moeder.

'Kom mee, Janneke, we gaan in de zandbak.'

Jip heeft nieuwe vormpjes. Hele mooie.

Ze maken een vis van zand. En een ster van zand. En een taart van zand. En dan zegt Janneke ineens: 'Kijk eens, wat ligt daar?'

Jip pakt het op. Het is een potlood. Het is vaders potlood.

'Ooooh,' zegt Jip. 'Vader is dat potlood kwijt. Al zó lang.' En ze hollen naar binnen.

Nou, vader is echt blij. 'Dat heeft daar een half jaar gelegen,' zegt hij. 'Fijn dat jullie het gevonden hebben.'

'Ja,' zegt moeder. 'Misschien vinden jullie mijn zilveren speld ook nog.'

Jip en Janneke gaan gauw weer terug. 'Nu gaan we zoeken,' zegt Janneke. 'Naar de speld.'

En ze nemen een schep en ze gaan graven.

'Zo gaat het niet,' zegt Jip. 'We moeten al het zand in de tuin scheppen, en dan goed kijken.'

Jip en Janneke werken heel hard. Ze zien er allebei vuurrood van. En ze scheppen al het zand uit de bak. Eindelijk is de zandbak geen zandbak meer. Het is een lege put.

'Wat doen jullie toch?' vraagt moeder. 'Wat is dat?'

'We wouen de speld vinden,' zegt Janneke. Ze is doodmoe.

'Och,' zegt moeder. 'Dat is erg lief. Maar nu is de hele zandbak leeg.'

Jip kan ook niet meer. Hij zit te hijgen.

'Kom maar gauw binnen,' zegt moeder. 'Dan krijg je een kop chocola, allebei.'

'Morgen zullen we al het zand weer terugscheppen,' zegt Jip. 'En het potlood hebben we dan toch maar fijn gevonden.'

De koning en de koningin

Het regent. Jip en Janneke kunnen niet naar buiten. Ze moeten binnen spelen. En ze zijn erg boos. En erg uit hun humeur. Eindelijk zegt moeder: 'Ik weet wat. Jullie mogen vandaag met de kist spelen.'

En dat is heerlijk. Want in die kist zit van alles. Allemaal kleren. En nu kunnen ze zich verkleden. En nu kunnen ze een toneelstuk spelen.

'Kijk,' zegt Janneke. Er is ook een gouden kroon. En nog een. Ja, er liggen twee gouden kronen in de kist. Van papier. Net echt. 'Ik was de koningin,' zegt Janneke. 'En jij mag de koning zijn.'

Janneke doet een gordijn om. En daarop zet ze de kroon.

En Jip vindt een bontcape. Van moeder. Een mooie bontcape. De mot heeft erin gezeten. Maar dat hindert niet. Hij is nu een echte koning. Ook met een kroon op.

Nu lopen ze langzaam door de kamer.

'Ga je mee eten, man?' zegt Janneke.

'Dat moet je niet zeggen,' zegt Jip. 'Dat zegt een koningin niet. Een koningin zegt: Wilt u de maaltijd eten, majesteit.'

'Nietes,' zegt Janneke. 'Dat zeg ik toch lekker niet tegen mijn eigen man. Een koningin zegt niet majesteit tegen haar eigen man.'

'Wel!' schreeuwt Jip.

'Niet!' gilt Janneke.

'Jij mag niet meer meedoen!' zegt Jip kwaad. En hij pakt Janneke haar kroon af. Maar Janneke wordt heel boos. Ze trapt en slaat.

Och, die koning. En die koningin. Nu vechten ze samen.

De koning zijn kroon is helemaal gedeukt. En hangt op zijn neus.

En de sleep van de koningin is gescheurd.

Als moeder komt, is ze erg verdrietig. 'En ik dacht dat jullie zo fijn speelden,' zegt ze. 'En nou maak je ruzie. Doe maar gauw uit, die kleren. En ruim ze op.'

Jip en Janneke ruimen alles op. En ze schamen zich een beetje.

'Kijk,' zegt moeder, 'de zon komt! Gauw naar buiten, majesteit!'

En Jip en Janneke hollen naar buiten.

Heel veel ijsjes

Op de hoek van de straat staat de ijscoman.

Jip heeft hem allang gehoord. Hij sleept Janneke direct mee naar zijn moeder.

'Mogen we een ijsje, moeder?'

'Vooruit dan maar,' zegt moeder.

Jip en Janneke krijgen ieder geld. Voor een dikke.

'Fijn hè?' zegt Janneke. 'Durf jij er hard in te bijten?'

Jip durft dat best. In drie happen is zijn ijsje op.

Janneke doet er een beetje langer over. Het is ook zo koud!

Net als ze hun ijsje op hebben, komt Jips vader aan. Op de fiets. Hij kijkt eerst naar Jip en Janneke en dan naar de ijscoman.

'Willen jullie een ijsje?' vraagt hij.

'Asjeblief,' zeggen Jip en Janneke. En vader koopt voor allebei een ijsje.

'Dag,' zegt hij. 'Lik maar lekker.'

YS

En weer is het ijsje in een wip op.

'Ga je met me mee naar huis?' zegt Janneke. En Jip gaat mee.

'Moeder,' roept Janneke. 'De ijscoman is er.'

'O,' zegt Jannekes moeder. 'Is het weer zover? Hier heb je ieder wat geld. Voor een kleintje.'

Jip en Janneke rennen weer naar de wagen. 'Nou,' zegt de ijscoman, 'jullie weten er ook weg mee!' En ja hoor, het is al weer naar binnen.

En daar komt Jannekes vader aan. Op de fiets.

'Hallo,' roept hij. 'Willen jullie een ijsje?'

'Asjeblief,' zeggen Jip en Janneke, heel zoet.

Van Jannekes vader krijgen ze weer een dikke.

Maar als ze dan samen bij Jip thuis zitten, zijn ze een beetje stil. Ze zitten op de bank. En ze zeggen niets.

'Hoeveel ijsjes hebben jullie gehad?' vraagt moeder.

'Vier,' zegt Jip. Hij ziet een beetje bleek.

'Vier?' zegt moeder. 'In een kwartier? Wat een schandaal! Nu hebben jullie allebei een glijbaan vanbinnen. Nu kun je geen aardappeltjes meer eten.'

'Waarom niet?' vraagt Jip.

'Dan gaan de aardappeltjes glijden,' zegt moeder. 'Heel hard naar beneden. Ja, dat komt ervan.'

Maar Jip en Janneke willen ook geen aardappeltjes meer eten. Ze willen nooit meer iets eten. Nooit meer.

De vogels eten de kersen op

'Die vogels, die vogels,' zegt boer Jansen. 'Ze eten al mijn kersen op.'

'O,' zegt Jip. 'Hebt u dan geen vogelverschrikker?'

'Ja,' zegt boer Jansen, 'die heb ik wel. Maar de vogels zijn er niet bang voor.'

'Zullen wij ze wegjagen?' vraagt Janneke.

'Goed,' zegt boer Jansen. 'Kom maar mee. In de boomgaard.'

En Jip en Janneke gaan mee. Het is een grote boomgaard. En overal hangen de kersen. Mooi rond en rood zijn ze.

'Jullie mogen zoveel eten als je wilt,' zegt de boer. 'Maar pas op dat je niet te veel pijn in je buikje krijgt.'

'En nu maar schreeuwen. En in je handen klappen.'

Jip en Janneke doen erg hun best.

Ze schreeuwen van hei! En van ho! En ze klappen in hun handjes. En ze gillen heel hard.

En daar zijn de vogels bang voor. Ze vliegen allemaal weg. En de vogels denken: bah, wat een nare kinderen. Ze maken zo'n lawaai. We kunnen niet eens rustig kersen eten. Dat denken de vogels.

En Jip en Janneke maken oorbellen van de kersen. En ze eten wel een heel pond op, samen. En ze gillen een heel uur achter elkaar. En dan zijn ze zo moe. En zo schor.

'Kom,' zegt boer Jansen. 'Ga nu maar eens naar huis. Nu komen er weer andere jongens om te schreeuwen. En morgen mag je terugkomen.'

Jip en Janneke komen thuis met een mand vol kersen. En hun buikjes helemaal vol. 'Morgen gaan we weer,' zeggen ze.

Maar als Jip de volgende morgen opstaat, is hij zo schor. Hij heeft helemaal geen stem meer. Hij fluistert.

En Janneke fluistert ook.

'Ga je mee,' fluistert Jip.

'Ja,' fluistert Janneke.

En ze gaan weer naar de boomgaard. En ze fluisteren: 'Hei.' En ze fluisteren: 'Ho...'

Maar daar zijn de vogels niet bang voor. Ze vliegen niet weg. Ze denken: fijn, nu kunnen we kersen eten, die kindertjes doen toch niks.

En de boer zegt: 'Hier heb je een mandje kersen. Ga maar naar huis. En wacht tot je stem weer goed is.'

Arme Jip. Arme Janneke. Zo schor!

Appels

Daar valt een appeltje.

'De appeltjes zitten los!' roept Jip.

'Schudden!' zegt Janneke.

Jip gaat heel hard schudden aan de boom. Er valt er nog een. Dan houdt het op.

'Ze zitten toch nog vast,' zegt Janneke.

'Ik zal ze plukken,' zegt Jip. 'Ik klim in de boom.'

En Jip klimt in de appelboom.

Daar zit hij. Het is een beetje griezelig. Maar hij houdt zich goed vast. 'Hier,' zegt hij. En hij gooit een appel naar beneden.

'Je moet ze niet zomaar op de grond gooien,' roept Janneke. 'Je moet ze in mijn schort gooien. Ik houd mijn schort op.'

Nu gooit Jip netjes alle appeltjes in de schort. Net zolang totdat de schort vol is.

'Kom nu maar naar beneden, Jip.'

Maar o, nu durft Jip niet meer. Hij durft er niet meer uit.

'Help, help,' gilt hij. Hij is ineens zo bang!
'Ik zal vader halen,' zegt Janneke. En ze loopt naar huis.
Jip zit in de boom. En hij is zo bang.
Maar gelukkig. Daar komt vader.
'Wat doe je nou toch?' vraagt vader. 'In de bomen klimmen? Kom maar hier.'
En vader neemt Jip op zijn schouders. Hè, hè.
'Kijk eens,' roept vader. 'Wat een dikke appel heb ik geplukt! Een hele dikke appel met een broekje aan.'
En dan gaan ze naar binnen. Janneke heeft haar schort vol appels. En ze mogen er ieder twee opeten.
'Kijk,' zegt Jip, 'een worm. Een worm in de appel.'
'De worm niet opeten, hoor,' roept Janneke.
En dan gaan ze terug naar de appelboom. En ze zetten de worm weer op een andere appel.
'Ziezo,' zegt Jip.
'Ziezo,' zegt Janneke. 'Nou kan de worm weer verder eten.'

Arme Takkie

Takkie is ziek.

Och, die arme Takkie.

Hij wil niet eten. En hij ligt in zijn mandje.

'Kijk,' zegt Jip. 'Hij bibbert.'

'Ja,' zegt Janneke. 'Hij beeft. Zullen we hem een dekentje geven?'

En ze leggen het dekentje van de pop over Takkie heen.

Takkie vindt het best. Hij probeert een beetje te kwispelen met zijn staartje. Maar hij kan zelfs niet meer kwispelen.

'Weet je wat,' zegt moeder. 'Ik ga de dierenarts opbellen.' En zij doet het meteen.

'Nou komt de dokter, Takkie,' zegt Janneke. 'Nou komt de dokter en die maakt je weer beter.'

En ja hoor. De dokter komt. Hij heeft een leren jas aan. En hij heeft een grote tas.

Jip en Janneke staan erbij. En ze kijken.

‘Gaat u Takkies pols voelen?’ vraagt Janneke.

‘Ja zeker,’ zegt de dokter. ‘En hij moet zijn tong uitsteken.’

‘Zou Takkie mazelen hebben?’ vraagt Jip.

‘Nee,’ zegt de dokter. ‘Hondjes hebben nooit mazelen. Maar ik denk dat hij iets gegeten heeft wat niet goed voor hem was. En dan krijgt Takkie een drankje.’

Het komt van de apotheek. Een echt drankje. Het is een flesje, met een etiket. En er staat op: Takkie. Driemaal daags een lepel.

Maar oei, het is niet makkelijk om Takkie zijn drankje te geven.

'Toe nou, Tak,' zegt Jip. 'Je wordt er beter van.'

Maar Takkie wil niet.

Ze moeten zijn kop vasthouden. En dan zijn bekje openmaken. En dan het drankje erin gieten. En dan stribbelt Takkie erg tegen.

Maar Jip en Janneke zorgen er goed voor dat Takkie het drankje binnenkrijgt.

En de volgende morgen gaat Jip gauw kijken.

Takkie ligt niet meer in zijn mandje.

Takkie is alweer in de tuin. Takkie rent alweer achter een vogel aan. En Takkie eet weer een groot stuk brood. En een stuk worst.

Takkie is weer beter.

Dat heeft de zon gedaan

'Niet te lang in het water, Jip! Kom uit het water, Jip!' Maar Jip vindt het zo heerlijk in zee. Hij wil er niet uit komen. En moeder staat al zo lang te roepen: 'Kom er nou uit, Jip.' Het is ook zulk mooi weer. En de zon schijnt zo lekker. En de zee is zo blauw. En een hele dag aan zee, een heeele dag! Daarom wil Jip nooit meer uit het water komen. Janneke is er allang uit. Die ligt al te slapen in de schaduw. Die was zo moe van de golven.

Nu wordt moeder ongeduldig.

'Ik kom je halen,' roept ze.

'Joe-hoe,' gilt Jip. En hij loopt heel hard verder de zee in.

Hij gaat zo diep, zo diep.

En daar komt moeder. Ze pakt Jip bij zijn zwembroek en ze trekt hem eruit.

Jip brult. Jip is kwaad.

Maar moeder droogt hem af met een handdoek. En moeder zet hem in de schaduw, naast Janneke. 'Ssst,' zegt ze, 'Janneke slaapt. Nu jij ook slapen, Jip.'

Nu, dat duurt niet lang. Jip slaapt algauw als een roos.

Maar als hij wakker wordt! Oei, dan doet het pijn. Zijn rug doet pijn. Zijn arm doet zo'n pijn. En zijn nek. En het is allemaal vuurrood.

'Dat heb je d'r van,' zegt moeder. 'Nu ben je verbrand.'

'Hoe kan dat nou,' zegt Jip. 'Ik was toch in het water?'

'Ja,' zegt moeder, 'maar je bent toch verbrand, door de zon. We zullen er gauw wat op smeren. Zo, dat helpt.'

'Au,' gilt Jip.

En als ze samen in de trein zitten, om weer naar huis te gaan, moet Jip aldoor huilen. 'Het doet zo'n pijn,' zegt hij. 'Het doet heel erg pijn.'

'Zal ik even blazen?' vraagt Janneke. 'Dan doet het niet pijn meer.' En ze blaast in Jips nek. En over zijn rugje. En in zijn bloesje.

'Zie je wel,' zegt Janneke, 'nou gaat het over.'

'Ja,' zegt Jip. 'Nou gaat het over.'

Maar het duurt toch nog wel een hele dag voor het over is.

'Ik ga nooit meer zo lang in zee,' zegt Jip.

Het wordt winter

'Moeder,' zegt Jip, 'het egeltje is ziek.'

'Is het egeltje ziek?' vraagt moeder. 'Hoe weet je dat? Waar is het egeltje dan?'

'In de schuur,' zegt Jip. 'Hij ligt in een kistje.'

'Kom er maar niet te dichtbij,' zegt moeder. 'Wacht maar tot vader thuis is.'

En als vader thuis komt zegt Jip: 'Vader, het egeltje is zo ziek.'

'Ja,' zegt Janneke, 'het egeltje heeft mazelen.'

'Ik geloof er niets van,' zegt vader. 'We zullen eens naar de schuur gaan. Maar geen lawaai maken, hoor. En op je tenen lopen.'

Daar, in het hoekje van de schuur staat een kistje. Er ligt een beetje turfmolm in. En daar ligt het egeltje.

'Ssst...' zegt vader, 'het egeltje slaapt.'

'De hele dag?' vraagt Janneke.

'De hele winter,' zegt vader. 'Egeltjes houden

een winterslaap. Ze slapen tot het voorjaar. Maak het maar niet wakker, hoor.'

Jip en Janneke gaan op hun tenen de schuur uit.

'Zielig, hè?' zegt Janneke.

'Ja,' zegt Jip. 'Dat egeltje merkt niets van sinterklaas.'

'En ook niets van kerst,' zegt Janneke.

Ze kunnen zich niet voorstellen dat het egeltje zomaar blijft slapen, terwijl het nog sinterklaas moet worden.

'Gelukkig maar dat jullie geen egeltjes zijn,' zegt moeder.

En dat vinden Jip en Janneke ook.

Die stoute meeuwen

In de tuin bij Jip is een vogelhuisje. Als het koud is, komen de vogeltjes daar eten. Er liggen stukjes brood in. En er hangt een heel snoer apenootjes in en er ligt een oude zonnebloem. Daar pikken de vogels de pitten uit.

'Mogen we nog wat brood strooien?' vraagt Janneke. En dat mag. Ze krijgen elk een groot stuk oud brood. En ze strooien het vlak achter het huis, in de tuin. Er komen eerst mussen op af. En dan een merel.

Maar dan horen ze een hard geschreeuw. Er zijn meeuwen in de lucht. Grote witte meeuwen. Ze komen hoe langer hoe dichterbij. Ze jagen de mussen weg. En ze jagen de merel weg. En dan jagen ze de meesjes weg. En ze eten het brood allemaal op.

'Dat is gemeen!' roept Janneke.

'Ja,' zegt Jip. 'Dat is vals van die meeuwen. Ga weg, jullie.' En hij zwaait wild met zijn armen naar de meeuwen, die zo gulzig zijn. De meeuwen vliegen weg. Ze zijn bang voor Jip.

'Kom nou maar terug, musjes,' roept Janneke. 'Kom maar, meesjes! Ze zijn weg hoor.'

Maar nee, de mussen komen niet meer terug. En de mezen ook niet. En de merel ook niet.

'Kijk nou,' zegt moeder. 'Domme Jip. Nou heb je alle vogels weggejaagd. Kom maar gauw binnen. Dan komen ze weer terug.'

En gelukkig, als Jip en Janneke weer op de vensterbank zitten, komen de musjes terug. En ze eten hun buikjes vol.

Diefje spelen

'Jij was de dief,' zegt Jip. 'En dan was ik de politieagent.'

'Wat moet ik dan doen?' zegt Janneke.

'Jij moet sluipen,' zegt Jip. 'Dieven sluipen altijd. Je moet sluipen, en het is donker.'

Janneke probeert te sluipen. Maar ze weet niet zo goed hoe ze het moet doen.

'Nee,' zegt Jip, 'niet zo. Maar zó, kijk,' en hij doet het voor.

'O ja,' zegt Janneke.

'En nu moet je inbreken,' zegt Jip. 'En je moet uit de kast iets stelen.'

Janneke doet de kast open. 'Wat moet ik dan stelen?' vraagt ze.

'Dat weet ik niet,' zegt Jip. 'Je ziet maar.'

Janneke pakt een bordje uit de kast. En ze loopt er hard mee weg.

'Ik ben een dief!' gilt ze. 'Ik ben een hou-te dief!'

En de politieagent komt haar achterna. Hij heeft een stok. En hij pakt de dief vast.

'Ziezo,' zegt de politieagent. 'Nu moet je met me mee.'

De dief schreeuwt. En de dief rukt zich los. En de dief loopt weer weg.

Ach, daar valt het bordje.

Het is in wel honderd stukken.

De dief en de agent staan allebei te kijken. Heel treurig.

En moeder komt binnen en zegt: 'Wat is dat nou? Hoe komen jullie aan dat mooie bordje? En wie heeft het gebroken?'

'Ik was een dief,' zegt Janneke.

'En ik was de agent,' zegt Jip. 'En ik heb de dief gepakt.'

'Nou, het is weer mooi,' zegt moeder. 'Ik zal jullie allebei opsluiten!'

Maar ze doet het gelukkig niet. Ze is alleen een klein beetje boos.

En 's avonds, als Jip in bed ligt, vraagt hij: 'Moeder, er komt toch niet écht een dief?'

'Nee hoor,' zegt moeder. 'Er komt geen dief.'

En dan gaat Jip slapen.

Winkelen

'Mogen we nou op de roltrap?' vraagt Janneke.

'Straks,' zegt moeder. 'Ik moet eerst even handschoenen kopen.'

Jip en Janneke zijn erg ongeduldig. Ze willen zo graag op de roltrap. Janneke danst op en neer. En ze zegt: 'Toe nou! Kom nou!'

'Ziezo,' zegt moeder. 'Nou gaan we naar boven. Met de roltrap. Kom maar. Voorzichtig hoor!'

Dan gaan ze. Het is wel een beetje griezelig.

Jip houdt zich goed vast aan de leuning.

En Janneke houdt zich aan moeder vast.

'Blijf maar stil staan,' zegt moeder. 'We gaan vanzelf naar omhoog.'

'Het afstappen is moeilijk, hè?' zegt Jip. 'Maar ik kan het goed. Kijk maar.'

Ze gaan nog hoger. Naar de derde verdieping. En dan naar de vierde. En dan naar de vijfde.

'Nou kunnen we niet hoger,' zegt moeder. 'Nou gaan we terug met de lift.'

Dat is ook fijn. De lift! Het is zo'n leuk kamertje.

De deuren gaan open. En ze drukken op een knop. En dan zzzzzzz daar gaan ze naar beneden.

'En nou gaan we weer met de roltrap naar boven!' roept Janneke.

'Nee hoor,' zegt moeder. 'We blijven niet aan de gang. Nou is het welletjes. Maar wie wil er een glaasje limonade?'

'Ik!' gilt Jip.

'Ik ook!' roept Janneke.

En ze krijgen ieder een glas limonade. Met een rietje.

Jip krijgt gele. En Janneke krijgt rode.

Het is heerlijk om met moeder te winkelen.

Verstoppertje

Jip en Janneke doen verstoppertje.

Jip telt: 'Een, twee, drie, vier, vijf, zes, zeven, acht, negen, tien, honderd! Ik kom!'

En dan gaat hij heel vlug zoeken. Kijk, Janneke loopt nog gewoon in de kamer. Ze zegt: 'Je was veel te gauw klaar. Je moet niet zo vlug tellen. Je moet heel langzaam tellen. Anders kan ik niet wegkruipen.'

'Goed,' zegt Jip. Hij doet zijn handen voor zijn ogen en hij telt weer: 'Een, twee, drie... honderd!' roept hij. 'Ik kom!'

Nu is Janneke echt weg. Hij zoekt en hij zoekt. Onder de tafel. En achter de gordijnen. En achter de boekenkast. Maar Janneke is niet te vinden. Jip gaat de gang in. En hij zoekt. Hij zoekt.

En daar ziet hij de kapstok. Aan de kapstok hangen jassen. En dan ziet hij opeens een paar beentjes. Met voetjes. Onder een van die jassen.

'Ik heb je!' roept Jip.

En ja hoor. Het is Janneke heus.

'Jij bent 'm,' zegt Jip.

En nu gaat Janneke tellen.

'Dertig, veertig, honderd... Ik kom!' roept Janneke.

En ze gaat ook zoeken. Ze zoekt in de kast in de keuken. En ze zoekt in de kast in de gang.

En ze kijkt om het hoekje van de kelder.

En ze zoekt bij de kapstok.

Waar is die Jip dan toch? Janneke krijgt het er warm van.

En ze wordt zo moe.

'Zoek je Jip?' vraagt moeder.

'Ja,' zegt Janneke. 'Ik kan hem nergens vinden.'

Dan horen ze ineens: 'Piep, piep!'

Waar komt dat geluid vandaan?

'De wasmand,' zegt moeder. 'De wasmand in de gang.'

Janneke doet de wasmand open. En ja hoor, daar zit Jip.

Hij heeft er een kleur van. 'Knap, hè?' zegt hij. 'Als ik niet gepiept had, had je me niet gevonden.'

'Nee,' zegt Janneke. 'Dat is zo.'

'Nou,' zegt moeder. 'Het is maar goed dat je gepiept hebt. Anders had ik je gewassen.'

'En dan?' vraagt Jip angstig.

'En dan had ik je gestreken,' zegt moeder.

'Ha, ha, gestreken,' zegt Jip.

Maar hij is toch blij dat Janneke hem gevonden heeft.

'Weet je wat ik heb?' zegt moeder. 'Stroopwafels.'

'Ha!' roepen Jip en Janneke.

Kraaltjes rijgen

'Kom je spelen? vraagt Jip.

'Ja,' zegt Janneke. 'Hier ben ik al.'

'Ga je mee hardlopen?' vraagt Jip.

'Nee,' zegt Janneke. 'Ik ga kraaltjes rijgen.'

'Hoe dan?' vraagt Jip.

'Kijk,' zegt Janneke. 'Ik heb een doos met kraaltjes. Ik ga een ketting maken.' En ze laat het zien. Ze heeft een doos vol mooie kraaltjes. Gele en groene en rode en blauwe.

En Janneke gaat op de bank zitten en ze gaat een ketting rijgen.

Jip kijkt ernaar. Het wordt erg mooi.

'Zo,' zegt Janneke. 'Het is al klaar. Wil jij de ketting hebben, Jip?'

'Ja,' zegt Jip. 'Dat wil ik wel.' Hij doet de ketting om zijn hals.

Dan maakt Janneke een ketting voor de poes. En dan een voor Takkie. Het staat erg mooi.

'Nu nog een voor mij,' zegt Janneke.

'Ga nou mee hardlopen,' zegt Jip. Want hij verveelt zich zo. Hij vindt er niks aan.

Maar Janneke heeft de doos kralen van haar moeder gekregen. En ze wil nu alleen maar kraaltjes rijgen. En ze wil niet hardlopen. En ze wil niets anders ook. Ze wil enkel maar rijgen.

Jip bromt een beetje. Want hij verveelt zich zo. Hij stopt een kraal in de bloempot bij het raam. En hij stopt drie kralen in vaders pantoffels. En hij

stopt een kraal in de jampot. En hij stopt allemaal kraaltjes in de kaas. In ieder gaatje van de kaas stopt hij een kraal.

En dan stopt hij een kraal in zijn neus. Hij duwt en duwt. Nu zit de kraal in zijn neus.

'Ik heb een kraal in mijn neus,' roept hij.

Maar Janneke luistert niet. Ze heeft het te druk.

'Hij wil er niet meer uit!' roept Jip. Hij peutert en peutert, maar de kraal wil er niet meer uit.

'Au!' gilt Jip. 'Help!'

Dan komt moeder aanlopen. 'Wat is er toch?' zegt ze.

Jip wijst naar zijn neus. Hij moet erg huilen.

'Een kraal?' zegt moeder. 'Laat eens kijken. Je hoofd naar achter doen,' zegt ze. En dan haalt ze de kraal uit Jip zijn neus.

Jip ziet er bleek van. Hij is zo geschrokken.

'Zie je nou,' zegt moeder. 'Dat moet je nooit doen, Jip. Dat is heel gevaarlijk. Het is gelukkig goed afgelopen.'

En dan komt vader thuis. En ze gaan boterhammen eten.

'Ik moet ook gaan eten,' zegt Janneke. En ze gaat naar huis met haar kraaltjes.

Jip vertelt aan vader van de kraal. De kraal in zijn neus.

'Zo zie je,' zegt vader. 'Dat moet je nooit doen.' En dan bijt vader op een kraal. Een kraal uit de jam.

'En kijk eens naar de kaas,' zegt moeder. 'Vol kraaltjes. O Jip!'

Ze moeten allemaal erg lachen. Want overal zijn kralen. Maar vader is toch een beetje boos. Vooral als hij zijn pantoffels aantrekt.

'Janneke moet haar kralen maar niet meer meebrengen,' zegt hij.

In de draaimolen

'Er is een draaimolen,' roept Jip. 'Er is een echte draaimolen. Met paardjes!'

Jip en Janneke gaan kijken. Het is niet helemaal kermis. Maar een klein beetje kermis. Er staat een draaimolen. En een zweefmolen.

De zweefmolen is hoog en eng. Maar de draaimolen is zo leuk. Er zijn paardjes, die ronddraaien. Een groen en een geel en een roze. En kijk, er is ook een zwaan, waar je op kunt zitten. En een beer en een olifant.

'Moeder, het kost geld!' roept Jip. En Janneke gaat ook naar huis vragen: 'Moeder, krijg ik geld voor de draaimolen?'

Ze krijgen ieder genoeg voor twee keer. En Jip gaat op de beer zitten. En Janneke op een paard.

En dan gaat er een bel. Ting, ting, ting... en daar gaat het... heel hard. Rond en rond en rond en rond.

Het is zo heerlijk. Jip kijkt om en hij ziet Janneke, die achter hem zit, op het paard.

'Hei!' roept hij. En hij steekt zijn hand op.

'Hei!' roept Janneke. Maar ze durft haar hand niet op te steken. Want ze is een beetje bang.

Och, nu gaat het langzaam. Nu gaat het heel langzaam. Nu staan ze stil!

'Nog eens,' zegt Janneke. 'We kunnen nog een keer.'

Ze gaan nog eens. Maar het is zo gauw voorbij.

'Kom,' zegt Jip. 'We gaan nog eens vragen, thuis.'

Maar de moeder van Jip zegt: 'We blijven niet aan de gang.' En de moeder van Janneke zegt: 'Morgen weer.'

Dan gaan Jip en Janneke treurig weg. En ze gaan kijken naar de draaimolen.

En om half een komt de vader van Jip voorbij. Op de fiets.

'Willen jullie ook eens?' roept hij. En hij stapt af. Jip en Janneke krijgen weer ieder geld van Jips vader. En dan nog eens.

Dan gaan ze naar huis op vaders fiets. Om te eten.

'We hebben vier keer gedraaid!' roept Jip.

'Jullie worden bedorven!' zegt moeder.

Water voor 't paard van Sint-Nicolaas

'Moeder,' zegt Jip. 'Moet het paard geen water hebben?'

'Het paard?' vraagt moeder. 'Welk paard?'

'Het paard van Sinterklaas,' zegt Jip. 'Ik ga toch mijn schoen zetten vanavond! Met een wortel. Maar als het paard nou dorst heeft?'

'Je mag best een teiltje water neerzetten,' zegt moeder. En dat doet Jip dan.

Maar als Janneke binnenkomt, zegt ze: 'Waarvoor is dat?'

'Voor het paard,' zegt Jip trots. Hij heeft het zelf verzonnen, van dat teiltje water.

'Daar heeft het paard niks an,' zegt Janneke.

'Wel waar,' zegt Jip.

'Niet,' zegt Janneke. 'Want het paard komt niet zelf door de schoorsteen. Zegt moeder. Piet komt door de schoorsteen. En die haalt de wortel weg. En het hooi. Uit de schoen. Maar een teil water kan hij niet meenemen.'

'En mijn moeder zegt dat het paard best water wil,' zegt Jip.

'Nou,' zegt Janneke. 'Je moet het zelf maar weten, hoor. Maar ik geloof er niks van.'

Jip is een beetje boos. Maar hij laat het teiltje lekker staan.

En de volgende morgen vindt Jip een taaipop in zijn schoentje. En een heel klein locomotiefje.

En de wortel is weg. En het water is ook weg. De teil is leeg.

'Zie je wel...' roept Jip.

En kijk, daar ligt een briefje in de teil. En in dat briefje staat:

Lieve Jip. Dank voor het water. Het paard had net dorst. Het was niet zo makkelijk, maar we hebben met een slang het water eruit gepompt. Dag hoor, Zwarte Piet.

Moeder leest het briefje voor. En Jip is helemaal sprakeloos.

Hij loopt hard met de brief naar Janneke. 'Kijk, roept hij. Kijk!'

Janneke kan ook niet lezen. Maar Jannekes moeder leest het voor.

'Ja,' zegt ze. 'Dus het paard heeft het water opgedronken. Nou, Janneke, dat doen we ook vanavond, hoor.'

En Janneke ziet nu, dat Jip toch gelijk had.

Deeg is lekker

Moeder bakt een cake.

En Jip en Janneke staan te kijken.

'Mag ik ook eens roeren?' vraagt Janneke.

'Goed,' zegt moeder. 'Hier is de lepel. Voorzichtig, hoor!'

Janneke roert. Het ziet er zo lekker uit. Zo geel.

'Nou ik roeren,' zegt Jip. Hij mag ook. Maar hij doet het veel te wild.

'Pas op,' zegt moeder. 'Je roert er alles overheen. Pas op, Jip. Je morst.'

'Ik wil een lepeltje proeven,' zegt Jip.

'Eén lepeltje dan,' zegt moeder. 'Ieder één lepeltje.'

O, wat is dat lekker. Een hapje beslag!

'Je hoeft het niet te bakken,' zegt Jip. 'Het is zo veel lekkerder. Ik wil nog een hapje. Toe, mag ik nog een hapje?'

Ze krijgen ieder nog een hap van het beslag.

'En nou is het uit,' zegt moeder. 'Anders blijft er niets over. En het is niet goed voor jullie ook.'

'Waarom niet?' vraagt Janneke.

'Al dat rauwe goed is niet gezond,' zegt moeder. 'Als je er te veel van eet, gaat het rijzen in je buikje.'

'En dan?' vraagt Jip.

'Dan krijg je een heel, heel, heel dik buikje. Net als een ballon.'

Jip kijkt naar zijn buikje. 'Het is nog niet dik,' zegt hij.

'Nee, nu nog niet. Maar kijk, nu zet ik de cake in de oven. En dan gaat hij rijzen. Maar het deurtje van de oven moet dicht. Anders mislukt het.'

'Wat zal die cake het heet hebben, hè?' vraagt Janneke.

'Ja,' zegt Jip. 'De cake roept: Au.'

'Ga maar buiten spelen,' zegt moeder. 'Het duurt nog een hele tijd.'

Jip en Janneke gaan naar buiten, met de kruiwagen rijden.

Ze zijn de cake vergeten. Maar moeder vergeet de cake niet. En ze roept: 'Kom eens gauw!'

Jip en Janneke hollen naar binnen.

O, wat mooi. Daar is de cake. Heel mooi geel.

'Straks krijgen jullie ieder een stuk,' zegt moeder. 'Bij de thee.'

Sinterklaas komt

'Straks komt Sinterklaas,' zegt Jip. 'Hè, moeder?'

'Ja,' zegt moeder. 'Nog even wachten.'

Ze zitten samen op een bankje, Jip en Janneke.

'Ik zal hem vertellen van het egeltje,' zegt Janneke. 'En van de poes, en van Takkie.'

'En ik zal vertellen dat jij mij geknepen hebt,' zegt Jip.

'Nee,' roept Janneke, 'dat is niks lief.'

'En ik doe het lekker toch,' zegt Jip.

En dan gaat de deur open. Daar staat Sinterklaas. En achter hem staat Zwarte Piet.

Jip en Janneke zijn doodstil. Ze durven haast geen adem te halen. Ze kijken alleen maar.

'Dag, kinderen,' zegt Sinterklaas.

Moeder geeft hem de grote stoel. Hij ziet er zo mooi uit. Zijn baard is wit en zijn tabberd is rood. En Zwarte Piet is in het paars.

'En zijn de kinders zoet geweest, mevrouw?' vraagt Sinterklaas.

'Wel,' zegt moeder, 'dat moeten ze zelf maar vertellen. Jip, je wou toch iets vertellen? Is het niet?'

Maar Jip is zo verlegen. Zo verlegen. Hij pakt Jannekes handje vast. En hij zegt niets.

Maar Janneke zegt: 'We hebben een poes. En we hebben een egeltje, dat slaapt.'

'Slaapt het in jullie bedje?' vraagt Sinterklaas.

'Nee,' zegt Janneke. 'In de kist. In de schuur.'

En Janneke vertelt een heleboel. Van de tuin en van Takkie en van de zandbak.

'En Jip,' zegt Sinterklaas, 'hebben jullie wel eens ruzie?'

Maar Jip durft niets te zeggen. Voordat Sinterklaas kwam had hij zo'n praats. Maar nu niet meer.

'Nou,' zegt Sinterklaas. 'Pak maar 's uit, Piet.'

En dan komen de pakjes. Zoveel pakjes. Wel tien. Met een J van chocola en nog een J van chocola en een pop en een vliegtuig. En een varkentje van suiker. En ook een spoortrein en ook een schoudertasje.

'Nu nog één versje zingen,' zegt Sinterklaas. 'Durf je dat wel, Jip?'

Ja, Jip durft wel te zingen van Dank je, Sinterklaasje. Hij durft niet te praten. Alleen als Sinterklaas weggaat, zegt hij nog gauw: 'Dag, Sinterklaas. Janneke heeft me niet geknepen.'

'Dat is mooi,' zegt Sinterklaas. En daar gaat hij, met Piet.

'Dag, dag,' roepen Jip en Janneke. En ze wuiven hem na. Daaaag, daaaag, daaaag!

Oudejaar

Buiten is het donker. En erg koud. En het is diep in de nacht. Jip ligt in bed. Hij slaapt.

Maar dan ineens: Boem, boem, toet, toet! Boem! Wat is dat? Jip wordt wakker. Hij zit rechtop in zijn bedje. En hij wordt erg bang. Want het is zo'n lawaai. Ze schieten. En hij hoort een boot in de verte. En nog een. En hij hoort gillen op straat. Wat is er toch? En dan opeens weet Jip het weer. Het is oudejaar! Beneden zijn vader en moeder. En tante Truus. Die vieren oudejaar. Hij hoort ze lachen.

Jip komt uit zijn bed. En hij gaat zachtjes de trap af. Hij loopt door de gang. En hij doet heel zacht de deur open. De deur van de huiskamer. Kijk, daar staat vader. Met een glas in zijn hand. En moeder ook. En tante ook. Ze zien Jip niet. Jip komt naar binnen.

En dan ziet vader hem. Hij zegt: 'Kijk daar nou. Wat doe jij hier, rakker?'

En moeder geeft hem een kus. En ze zegt: 'Gelukkig nieuwjaar, Jip.'

'Ik wil ook een glas met iets,' zegt Jip.

'Jij krijgt een appelbol,' zegt tante Truus. 'Kom maar gauw op mijn schoot zitten.'

Jip is heel slaperig. Maar hij vindt het zo fijn. Hij eet zijn appelbol. Met kleine hapjes.

'Nou ga ik met mijn auto spelen,' zegt Jip.

Maar vader zegt: 'Nee Jip, nou is het genoeg geweest. Nu breng ik je in bed.'

Jip slaapt direct weer in.

En de volgende morgen komt Janneke.

'Gelukkig nieuwjaar,' zegt ze.

'Gelukkig nieuwjaar,' zegt Jip. 'Ik ben vannacht opgeweest.'

'Niet waar,' zegt Janneke.

'Ja,' zegt Jip. 'Ik mocht opblijven tot twaalf uur.'

'Je jokt,' zegt Janneke.

'Ik jok niet,' zegt Jip.

Maar moeder zegt: 'Jip is om zeven uur naar bed gegaan. Gewoon. Maar hij is om twaalf uur beneden geweest. Heel even. Hè Jip?'

'Ja,' zegt Jip. 'En ik heb een appelbol gehad. En ik heb knallen gehoord.'

En Janneke is jaloers. Want zij heeft geslapen. De hele nacht. En ze heeft geen knal gehoord. 'Ik vind het gemeen,' zegt ze. 'Ik wil ook knallen horen.'

Maar Jips moeder zegt: 'Ik heb nog een appelbol

voor je bewaard, Janneke. En wees maar niet verdrietig. Je zult nog genoeg knallen horen in je leven.'

Een nieuwe kalender

'Kom eens kijken,' roept Jip. 'We hebben een kalender. En ik mag het blaadje er afscheuren.'

'Eén blaadje maar?' vraagt Janneke.

'Ja, één blaadje maar,' zegt Jip. 'Het bovenste blaadje. Kijk, er staat een hondje op. Precies Takkie.' Hij scheurt het blaadje netjes af.

'Hè,' zegt Janneke. 'Mag ik er ook eentje afscheuren?'

'Nou goed,' zegt Jip. 'Eentje dan.'

Janneke scheurt het blaadje er af. Er staat een poesje op. Precies Siepie. Dan komt er een, daar staat niets op. Alleen maar letters.

'Dat is niks,' zegt Janneke. 'Wat zit eronder? Even kijken.' En Jip trekt het blaadje er af, om te kijken wat eronder zit. 'Weer niks,' zegt Janneke. 'Maar daaronder zit een paard, geloof ik.'

18
JANUARI

Jip en Janneke zijn zo nieuwsgierig wat er nog meer komt. Ze trekken een voor een de blaadjes er af.

'Nu ik weer een,' zegt Janneke.

'En ik die,' zegt Jip.

'Hé,' roept moeder, 'wat doen jullie daar?'

'Blaadjes afscheuren,' zegt Jip. 'Een paar maar.'

'Kijk nou toch,' zegt moeder. 'Het is vandaag 2 januari en jullie hebben alle dagen van januari er afgescheurd.'

Jip en Janneke staan heel verschrikt te kijken.

'Nu is het ineens februari,' zegt moeder. 'En nu kan vader niet meer jarig zijn. Die is in januari jarig. Maar dat kan niet meer. Januari is al voorbij.'

Jip en Janneke huilen bijna van schrik.

Maar dan zegt Jip ineens: 'Dat kan niet, hè, moeder. Dat is maar een grapje, hè?'

'Ja hoor,' zegt moeder. 'Het is maar een grapje. Het blijft heus nog een poos januari. Maar toch is het jammer. En jullie moet al die blaadjes er weer netjes op plakken. Met plaksel.'

Dat doen ze. En ze doen het zo keurig.

Veel te koud

Jip en Janneke mogen mee. In de auto.

Het is zondag. En oom Henk zegt: 'Waar zullen we naartoe gaan?'

'Naar Schiphol,' zegt Jip. 'Ik wil de vliegtuigen zien.'

'Nee,' zegt Janneke. 'Naar zee. Ik wil naar het strand.'

'We zullen erom loten,' zegt oom Henk. 'Hier heb ik twee stokjes in mijn hand. Zie je dat? Ik heb ze goed vast en je kunt niet zien welk stokje langer is, hè?'

'Nee,' zegt Jip.

'Nee,' zegt Janneke. Ze zijn even lang.

'Dat dacht je maar,' zegt oom Henk. 'Nu mogen jullie ieder een stokje uit mijn hand trekken. En wie het langste stokje heeft getrokken, die heeft gewonnen.'

'Ik mag eerst,' zegt Jip.

'Nee,' zegt oom Henk. 'Dames gaan voor. Janneke mag eerst.'

Janneke trekt een stokje uit ooms hand.

En Jip trekt het andere stokje eruit.

'Het mijne is langer,' zegt Janneke.

Ja, dat is waar. Het stokje van Janneke is langer.

'Dan heb jij gewonnen,' zegt oom Henk. 'En we gaan naar de zee.'

'Ha fijn!' gilt Janneke.

En Jip vindt het nu ook wel fijn. 'Ik ga pootjebaden,' zegt hij.

'Nee hoor,' roept oom, 'daarvoor is het veel te koud.'

Daar rijden ze. Jip en Janneke mogen allebei voorin. Naast oom Henk. Maar Jip mag nergens aankomen. Want dat is gevaarlijk. Hij mag niet aan de knopjes trekken. En niet aan het stuur zitten.

Maar ze doen toch net of ze sturen. Allebei. En ze brommen, net als een echte auto: Brrrr-rrr.

'Daar is de zee,' zegt oom Henk. 'We zetten de auto hier neer. En dan gaan we wandelen.'

Het is nog een beetje koud. En het waait. Maar het is toch heerlijk.

'Kijk eens, wat een golven!' roept Jip. En hij loopt met zijn laarsjes tot vlakbij het water. Hoei! daar komt een golf. Jip springt haastig terug.

Janneke doet het ook. Maar zij heeft geen laarsjes aan. Ze heeft lage schoentjes. Hoeiii! daar

komt een golf. Janneke wil weglopen. Maar het is al te laat. Haar voetjes zijn kletsnat.

Och, och, wat koud.

'Nou trek ik m'n schoentjes uit,' zegt ze. 'En mijn sokjes ook.'

En daar loopt Janneke, met blote voetjes.

Maar oom Henk vindt het niet goed. 'Je vat kou,' zegt hij. 'Kom, we gaan terug naar huis.'

'Ik heb een schelp,' roept Jip. 'Een mooie grote! En nog een! Die is voor jou, Janneke.'

En dan stappen ze weer in de auto. Janneke met blote voetjes. En ieder met een schelp.

'Ziezo,' zegt oom Henk, als ze thuis zijn. 'Als het zomer is, kom ik jullie weer halen. En dan mag je echt helemaal in het water. Daag!'

'Daag,' roepen Jip en Janneke.

De sneeuwklokjes luiden

Er zijn sneeuwklokjes in de tuin. Zo mooi wit! En zo lief en zo klein! Jip en Janneke zitten op hun hurken.

'Niet aankomen, hoor,' zegt Jip. 'Dan gaan ze dood.'

Kijk, daar staat buurman. De oude buurman kijkt over de heg.

'Dag kinders,' zegt hij.

'Dag buurman. We hebben sneeuwklokjes. Maar we komen er niet aan.'

'Mooi,' zegt buurman. 'Weet je wel dat je ze kunt horen luiden? Dan moet je goed luisteren. Met je oortje ertegenaan.'

Jip en Janneke proberen het dadelijk. Maar ze horen niets.

'Je moet het 's morgens vroeg proberen,' zegt

buurman. 'Heel vroeg, om vijf uur. Dan luiden de sneeuwklokjes.'

Jip en Janneke zijn er opgewonden van. En Janneke belooft: 'Morgen kom ik je halen, Jip. Om vijf uur.'

Maar o jee, de volgende morgen wordt Janneke pas om zeven uur wakker. Ze doet heel gauw haar jurkje aan en haar sokjes en haar schoentjes. En dan gaat ze naar Jip z'n huis. Ze roept onder het raam: 'Pssst.'

Daar komt Jip. Hij is al half aangekleed. En hij komt gauw naar buiten. Het begint net licht te worden en kijk, daar zijn de sneeuwklokjes. Jip en Janneke gaan op hun knietjes liggen en leggen hun oortjes tegen de bloemetjes. Maar ze horen niets.

'Te laat,' zegt Janneke boos. 'We zijn veel te laat.'

'Ja,' zegt Jip treurig. En ze gaan naar Jips moeder, die net thee zet.

'Moeder,' zegt Jip, 'mag ik vanavond de wekker? We moeten om vijf uur op.'

'Om vijf uur,' zegt moeder verschrikt. 'Waarom is dat?'

'Dan luiden de sneeuwklokjes,' zegt buurman.

'Malle jongen,' lacht moeder. 'Buurman heeft je voor het lapje gehouden. Nee hoor, blijf maar lekker in je bed. Sneeuwklokjes luiden nooit.'

Jip en Janneke weten nu nog niet of het waar is. Ze weten niet of buurman gejokt heeft. Of niet.

Maar ze gaan het morgen nog eens proberen. Heel stiekem.

Van de trap glijden

'Kijk,' zegt Jip. 'Ik kan van de leuning afglijden. Dat durf ik wel.'

'Oei,' zegt Janneke. 'Ik durf dat niet.'

'Kom maar,' zegt Jip. 'Kijk, het gaat zo leuk.'

En hij glijdt van de trapleuning. Het gaat heel hard. En het is enig.

'Nou jij,' zegt Jip.

Janneke glijdt ook. Maar ze houdt zich goed vast. En ze doet het heel langzaam.

Nu gaan ze om beurten. Het is een erg leuk spel. Jip gilt van plezier. En Janneke lacht heel hard.

En dan valt Jip. En het doet pijn.

En moeder vindt het niet zo leuk.

'Het mag niet,' zegt ze. 'Straks val je heel erg. En dan doe je je nog meer pijn. Ga allebei van de trapleuning af.'

'Hè,' zeurt Jip. 'Ik wil zo graag.'

'Weet je wat?' zegt moeder. 'Laat de beer maar glijden.'

Ja, de beer. Dat is ook leuk.

De beer mag nu van de trapleuning roetsjen. Maar o, de beer houdt zich niet goed vast. Hij valt helemaal van boven naar beneden. Boem, daar ligt hij op zijn neus.

'Zie je nou wel,' zegt Jip. 'Wat heb ik je gezegd, domme beer? Nou moet je een pleister op je neus.'

En de beer krijgt een grote pleister op zijn neus.

En dan gaan Jip en Janneke naar buiten, want de zon schijnt.

Eitjes kleuren

'Hier,' zegt moeder. 'Ik heb tien eitjes. Ze zijn gekookt. Voor Jip vijf. En voor Janneke vijf. Ga nou maar kleuren.'

Jip en Janneke zitten aan tafel. Er ligt een grote krant op tafel. Voor het morsen. En ze hebben allebei een schort aan. En ze hebben ieder een penseel. En verf. Rood en groen en paars en blauw en geel.

'Ik zal er een voordoen,' zegt moeder. 'Kijk, maak een gezicht op het ei. Met ogen en een neus en een mond. En een hoedje.'

Jip probeert het ook. Maar het ei is zo glad. En zo rond. Het ene oog komt boven en het andere onder.

Janneke maakt een ei met streepjes. En een met kloddertjes. Het wordt heel mooi. Wat hebben ze het druk.

En als moeder komt kijken, zegt ze: 'Ooo! Prachtig!'

'Ze zijn klaar!' roept Jip. 'Allemaal!'

'En jullie zijn ook mooi gekleurd,' zegt moeder.

Jip kijkt naar Janneke.

'Ha, ha,' roept hij. 'Je bent groen en paars en blauw.'

'En jij!' gilt Janneke. 'Je bent geel en rood en zwart!'

'Kijk maar in de spiegel,' zegt moeder.

En dan klimmen Jip en Janneke op een stoel. Voor de spiegel. Ze moeten zo lachen.

'Nu zijn jullie zelf paaseitjes,' zegt moeder.

Afwassen

Jip en Janneke mogen helpen. Helpen met de vaat. Jips moeder wast af. En Jip heeft een theedoek. En Janneke heeft ook een theedoek. En nu maar drogen.

Het gaat erg goed. 'Niet laten vallen, hoor,' zegt moeder telkens.

Janneke is zo handig. En ze weet precies waar alles staan moet. Ze zet de bordjes in de kast. En de kopjes op het blad. Maar Jip kan het niet zo erg best. Die natte borden zijn zo glibberig. Hij heeft er een kleur van. En zijn tong steekt een eindje uit zijn mondje.

'Niet laten vallen, Jip,' zegt moeder nog eens.

Pats! Daar laat Jip een bord vallen. Het is aan drie stukken.

'Hè, Jip,' zegt moeder verdrietig. 'Dat is nou jammer.'

'Jij kan het niet,' zegt Janneke. 'Jij mag het niet meer doen.'

En dan wordt Jip boos.

'Het is ook geen jongenswerk,' roept hij kwaad. 'Het is vrouwenwerk. Ik wil al niet eens meer.' En hij wil hard weglopen.

Maar moeder roept Jip terug. 'Nee hoor,' zegt ze. 'Afwassen is ook jongenswerk. Je moet het maar leren, Jip. Hier, nog drie schoteltjes. En voorzichtig, hoor!'

Jip pruttelt nog wat. Maar hij droogt ze netjes af.

'Pats!' Nu laat Janneke een kopje vallen. Ze kijkt heel verbaasd naar de stukken.

'Ha, ha,' lacht Jip. En hij danst door de keuken. 'Ha, ha!'

'Zeg eens,' roept moeder. 'Dat kost me mijn hele servies. Schei nou maar uit, jullie. Het is klaar. Ik ruim de rest wel op. En jullie mogen de theedoeken netjes ophangen.'

Nou, dat kunnen ze allebei.

Paashaas

Tante Truus is geweest. En tante Truus heeft een doosje meegebracht. En in dat doosje zit een haasje. Een haasje voor Jip. Het is van chocolade. 'Dat is de paashaas al,' zei tante. 'En je mag het nog niet opeten. Je moet het bewaren.'

Janneke komt ook kijken. Het is een mooie haas met oogjes van suiker.

'Mooi hè,' zegt Jip, 'mijn haas.'

'Mag ik een stukje?' vraagt Janneke.

'Nee,' zegt Jip. 'We moeten het bewaren. Je mag er wel aan ruiken.'

En Janneke ruikt eraan. 'Het ruikt lekker,' zegt ze.

'Ja,' zegt Jip, 'ik zou best een stukje willen proeven.'

'Nee hoor,' roept tante Truus, 'nog even bewaren. Gaan jullie maar spelen.'

'Het haasje mag op de vensterbank,' zegt Jip. 'Het mag naar buiten kijken.'

Jip en Janneke gaan met de bromtol spelen, want Jip heeft een nieuwe bromtol. In de gang bromt hij het mooist, want de gang is van steen.

Even later gaat tante Truus weg. 'Dag Jip, dag Janneke,' zegt ze. 'Zullen jullie lief spelen? En het haasje niet zo gauw opeten?'

'Nee,' zegt Jip. 'Dag, tante.' Hij was het haasje bijna vergeten. En hij gaat gauw kijken op de vensterbank. Wat is dat nou? Het haasje is weg. Er ligt een heel vies bruin plasje.

'Janneke,' roept Jip, 'het haasje.'

Janneke komt aanhollen. 'Wat is er?' vraagt ze.

'Het haasje!' huilt Jip. 'Kijk nou!'

'Ach,' zegt Janneke.

Moeder komt er ook bij. 'Wat is dat nou jammer,' zegt ze. 'Het haasje is gesmolten in de zon. Geef eens gauw een lepel en een schoteltje. Dan scheppen we het op. Het haasje is nou net pudding.'

En Jip en Janneke krijgen ieder een paar hapjes. Maar ze zijn verdrietig, want pudding is niet zo lekker als een haasje.

'Wacht maar,' zegt moeder. 'Ik zal morgen een nieuw haasje voor jullie kopen. Een haasje met een mand op zijn rug. Nog veel mooier dan die.'

'Hè ja,' zegt Jip. 'En dan eet ik het dadelijk op, anders smelt het.'

Wie kan het mooiste tekenen?

'Jij kan niet tekenen,' zegt Jip.

'Wel,' zegt Janneke, 'ik kan wel tekenen.'

'Nietes,' zegt Jip.

'Welles,' zegt Janneke.

'Geen ruzie, hoor,' zegt moeder. 'Gaan jullie maar zitten. Aan de tafel. En hier heb je papier. Nu mag je tekenen. Allebei.' Jip en Janneke gaan zitten. En ze krijgen ook nog een potlood van moeder. En ieder drie krijtjes. Rood, groen en geel.

'Zo,' zegt moeder. 'Nu eens kijken, wie het mooiste kan tekenen.'

Janneke is al druk bezig. Haar tongetje steekt uit haar mondje.

Maar Jip zit nog te verzinnen. Hij weet niet wat hij tekenen zal. Eindelijk gaat hij beginnen.

Het is nu heel stil in de kamer. Je hoort alleen de krijtjes krassen.

'Zo,' zegt Janneke. 'Ik ben klaar.'

'Wacht even,' zegt Jip. 'Wacht heel even. Ja, ik ben ook klaar.'

'Laat me maar eens kijken,' zegt moeder. 'O, Janneke, wat een mooi huis! Met een boom ernaast. Heel mooi! Nu dat van jou, Jip.'

Moeder kijkt naar de plaat van Jip.

Dat is Sinterklaas.

'En wie heeft het gewonnen?' vraagt Janneke.

'Even kijken,' zegt moeder. 'Janneke heeft de eerste prijs voor tekenen. Hier zo, een chocolaatje!'

'Hè,' zegt Jip treurig.

'Maar,' zegt moeder, 'Jip heeft de eerste prijs voor kleuren. Hier, Jip, ook een chocolaatje. En we zullen allebei de tekeningen ophangen,' zegt moeder. 'Boven de schoorsteen.'

En Jip is trots.

En Janneke is ook heel trots.

Poppejans is zoek

Het is mooi weer.

'Ga je mee wandelen?' vraagt Jip.

'Ja,' zegt Janneke. 'En dan neem ik de poppenwagen mee. Want Poppejans moet frisse lucht hebben.'

'Schiet dan op,' zegt Jip.

'Ja maar, Poppejans is weg,' zegt Janneke. 'Ik kan Poppejans niet vinden.'

'Dan gaan we maar zonder wagen,' roept Jip.

'Nee,' zegt Janneke. 'De wagen moet mee.'

Maar een wagen zonder pop... dat is niet leuk. En Janneke zoekt naar haar poppenkind. Ze zoekt in de la. En ze zoekt onder een emmer. En ze zoekt onder haar bed. Weg is Poppejans.

'Dan nemen we de poes mee,' zegt Jip. 'Ik zal de poes in de wagen leggen.'

'Ja,' zegt Janneke, 'dat is goed.' Ze vindt de poes ineens veel leuker dan Poppejans.

Samen pakken ze de poes. En ze stoppen haar in de poppenwagen. Onder de dekentjes. Met haar kopje op het kussen.

'Zo,' zegt Janneke. 'En nou zoet blijven liggen, kindje!'

Dan gaan Jip en Janneke naar buiten. Met de wagen.

'Jij bent de vader,' zegt Janneke. 'En ik ben de moeder. En de poes was het kind.'

Ze lopen heel langzaam. En heel deftig. En de poes blijft liggen. Dat is mooi!

Maar dan opeens zegt de poes: 'M-è-è-è-è.' En ze gooit de dekentjes weg.

'Dat mag je niet doen, stout kind,' zegt moeder Janneke. En ze dekt het kind weer toe. Maar dan springt het kind uit de wagen. En het kind rent weg. En het kind klimt in een boom.

Ach, wat een stoute baby!

Daar staan de vader en de moeder onder de boom. Met de lege wagen. En het kindje zit tussen de takken.

'Heel stout, hoor!' roept Janneke naar boven.

Maar het kind trekt er zich niets van aan.

En dan gaan Jip en Janneke zoeken naar Poppejans.

Ze vinden Poppejans op de radio. Hoera!

Een buis op straat

Er zijn mannen op straat. Ze zijn aan het werk. Ze leggen een groot ding neer. Een gek groot ding. En dan gaan ze weer weg.

'Kijk!' roept Janneke. 'Het is een buis.'

'Een stuk buis!' zegt Jip. 'Wat groot! Ik kan er best in.' En Jip kruipt in de buis. En Janneke kruipt ook in de buis. Aan de andere kant. Want je kan er aan twee kanten in.

'Als het nou regent,' zegt Jip, 'dan zitten we droog.'

'Maar het regent niet,' zegt Janneke.

Nee, het regent niet. Dat is jammer.

'Maar het is een huisje,' zegt Jip. 'We kunnen erin wonen.'

En dan haalt Janneke de beer. En Poppejans. En Jip haalt Takkie. En ze gaan allemaal in het huisje. Daar zitten ze. En het gaat fijn regenen. O, wat een leuk huisje. En de regen zegt: tik-ke-tik.

P11

Maar ze blijven allemaal droog. En ze zitten er heel lang.

'Jip! Eten!' roept de moeder van Jip.

'Janneke! Eten!' roept de moeder van Janneke.

'Jammer, hè?' zegt Jip. 'We moeten naar huis. Kom, Takkie.'

En dan gaan ze naar huis.

Maar ze vergeten de beer.

En ze vergeten Poppejans.

Wat zielig. Die twee moeten nu in de buis blijven. De hele nacht.

En 's morgens vroeg wordt er gebeld bij Jip thuis. Moeder doet open. Er staat een man op de stoep. Hij zegt: 'Hier is een beer. En een pop. Zijn die van u?'

'Ja,' zegt moeder. 'Dank u wel.'

En als Jip beneden komt, zegt moeder: 'Kijk, Jip. De beer en de pop. Ze zaten in de buis. De hele nacht.'

'Oooooooh,' zegt Jip.

En als Janneke komt, zegt ze: 'Ach, Poppejans. Waar was je toch?'

'Nou,' zegt moeder. 'Jullie zijn geen goeie pappa en mamma. Jullie zijn heel slecht voor je kinders. Je laat ze de hele nacht in een buis zitten.'

En Jip en Janneke schamen zich.

Op de schommel

'Kom eens,' zegt Janneke. 'We hebben een schommel.'

Jip moet eerst zijn boterham opeten. Dan gaat hij met Janneke mee. Naar de tuin.

En ja hoor, Janneke heeft een schommel. Aan een boom.

'Kijk,' zegt Janneke. 'Ik ga heel hoog. En je kan erop staan. En je kan er ook op zitten.'

'Nou ik,' zegt Jip. Hij schommelt ook heel hoog.

'Mag Takkie er ook op?' vraagt hij.

Takkie wil wel. Hij mag op Jips schoot. En hij mag mee de lucht in.

Maar o, Takkie wordt bang. Hij krabt en hij jankt om los te komen.

'Toe dan, Takkie,' zegt Janneke. 'Vind je het niet fijn zo hoog schommelen?'

Nee, Takkie vindt het niks fijn. Moeder komt de tuin in en zegt: 'Wat doen jullie nou weer met die

hond? Niet doen, Janneke. Die arme Takkie. Kijk, hij is zo bang. Laat hem gauw los.'

'Jammer, hè,' zegt Jip. 'Het ging juist zo leuk.'

Daar staat Takkie. Naast de schommel. En hij is helemaal draaierig. En duizelig.

'Ziezo,' zegt moeder. 'Hondjes moeten niet schommelen. Kindertjes wel.'

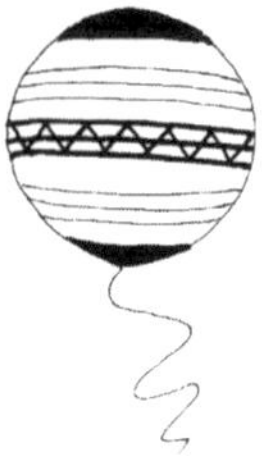

Een man met ballonnen

'Moeder,' roept Jip, 'mag ik wat geld?'

'Waarvoor is dat nou weer?' zegt moeder.

'Voor een ballon,' zegt Janneke. 'Er is een man met ballonnen.'

'Nou, hier dan,' zegt moeder.

Jip en Janneke rennen weer naar de straat.

Daar staat de man. Hij heeft een hele bos ballonnen. Zulke mooie. Van die lange.

Jip mag een ballon uitzoeken. En omdat Janneke er ook bij is, mag Janneke ook een ballon uitzoeken.

Jip neemt een rode.

En Janneke neemt een gele.

'Pas op, hoor,' zegt de man. 'Je moet hem goed vasthouden. Anders vliegt hij weg. Kom maar hier, dan bind ik hem vast aan je pols.'

Jip en Janneke gaan naar huis. En ze hebben allebei de ballon aan hun pols.

'Heel mooi,' zegt moeder. 'Pas maar op dat ze niet wegvliegen.'

Jip en Janneke spelen een hele tijd met de ballon aan hun pols.

Maar dan zegt Jip: 'Hoe hoog zou hij gaan als ik hem loslaat?'

'Heel hoog,' zegt Janneke. 'Tot aan de lucht. Zo hoog.'

Jip maakt het touwtje los van zijn pols.

En hoep! Daar gaat de ballon.

'Ooooooooh,' zegt Janneke.

Ze maakt haar touwtje ook los.

Hoep, daar gaat ook haar ballon.

'Ooooooooh,' zegt Jip.

Heel hoog in de lucht zijn nu twee stipjes. Een rood stipje en een geel stipje.

En nu is er helemaal niets meer.

Jip gaat weer naar moeder.

'Mag ik nog wat geld?' vraagt hij. 'Voor een ballon?'

'Nee,' zegt moeder. 'Je wist best dat je de ballon niet mocht loslaten.'

En dan gaan Jip en Janneke treurig in de lucht kijken.

Er is niets meer te zien.

Andere boeken van Annie M.G. Schmidt en Fiep Westendorp

Jip en Janneke
Nog meer voorlees- en kijkplezier met dit grote boek van Jip en Janneke, waarin alle verhalen over de kleutervriendjes bij-een zijn gebracht. Met prachtige illustraties in kleur, en uiteraard de vertrouwde zwart-wit silhouetjes. Voor drie jaar en ouder.

Een jaar met Jip en Janneke
Een prachtige uitgave met de vijftig mooiste kleuren-illustraties van Jip en Janneke, die horen bij geliefde verhalen als 'Jip en Janneke gaan trouwen', 'Afwassen', Stoute vader' en 'Lopen in een grote regenplas'. Voor drie jaar en ouder.

Jip en Janneke spelen samen
In dertien verhalen spelen Jip en Janneke de spelletjes die alle kleuters spelen: ze doen de poppenwas, ze steppen, springen touwtje en hebben kleine en grote ongelukjes. Een in kleur geïllustreerd prentenboek voor drie jaar en ouder.

Floddertje
Floddertje in bad, Floddertje bij de kapper, Floddertje in de keuken, Floddertje aan de schoonmaak, Floddertje op bezoek... wat Floddertje en haar hond Smeerkees ook ondernemen, het wordt een heerlijke puinhoop. Toch wordt Floddertje aan het eind van haar avonturen beloond met een erelint van de burgemeester. Met tekeningen in kleur. Voor vier jaar en ouder.

Ibbeltje
Ibbeltje is een doodgewoon kind: niet altijd even schoon, niet altijd even kalm, niet altijd even braaf. Maar haar moeder is nu niet bepaald doodgewoon. Het schijnt dat ze vroeger een poes is geweest. Een échte poes. En daarom is ze nog altijd zo bang voor honden en klimt ze vlug een boom in als ze er eentje ziet. Met illustraties in zwart-wit met steunkleur. Voor zes jaar en ouder.

Pluk van de Petteflet
Het beroemde boek over Pluk die een nieuw huis vindt in de Petteflet, over de Stampertjes, de Krullevaar, de Lispeltuut, de heen-en-weerwolf... kortom hét boek. Met tekeningen in kleur. Voor vijf jaar en ouder.

Pluk redt de dieren
Een nieuw ontdekt verhaal over Pluk van de Petteflet. Hij beleeft weer een fantastisch avontuur, dat veroorzaakt wordt door Spijtebijt, het jongetje dat bijt als hij kwaad wordt en daar later spijt van heeft. Met tekeningen in kleur. Voor vijf jaar en ouder.

Otje
Otjes vader Tos is weliswaar een groot kok, maar een kok-zonder-papieren. Dus: een kok op zoek. Naar werk, naar een huis. Gelukkig zijn Otje en haar vrienden er om hem te helpen. Met tekeningen in kleur. Voor acht jaar en ouder.

Andere boeken van Annie M.G. Schmidt

Ziezo
De 347 kinderversjes van Annie M.G. Schmidt, van 'Het fluitketeltje' tot 'Niet met de deuren slaan' in één groot prachtboek, met tekeningen van Wim Bijmoer, Jenny Dalenoord, Carl Hollander, Jan Jutte, Mance Post, Thé Tjong-Khing, Peter Vos en Fiep Westendorp. Een boek voor elke boekenplank van kinderen van vier jaar en ouder.

Het beertje Pippeloentje
Alle versjes over het beertje Pippeloentje (...heeft geen sok en heeft geen schoentje...) in één boek. Met prachtige illustraties in kleur van Harrie Geelen. Zo zal het beertje Pippeloentje de trouwe kameraad van generaties kinderen blijven. Voor vier jaar en ouder.

Beestenboel
Annie M.G. Schmidt hield van Harrie Geelens plaatjes bij haar *Het beertje Pippeloentje*, en ze heeft met plezier meegewerkt aan deze keuze uit haar kinderversjes, *Beestenboel*, waarbij dezelfde illustrator weer de plaatjes zou maken. De prachtige kleurenprenten bij 'Dikkertje Dap', 'Drie ouwe ottertjes', 'Sebastiaan', 'Rosalind en de vogel Bisbisbis', 'Stekelvarkentjes wiegelied' en nog veel meer, zijn een hommage van Harrie Geelen aan de grote schrijfster... Voor vier jaar en ouder.

Ik wil alles wat niet mag
In de versjes van Annie M.G. Schmidt barst het van de opstandige, dwarse kinderen die vaak lekker hun eigen gang gaan. Kinderen uit 'De wim-wam reus' (met zijn wim-wam neus en zijn wim-wam oren), 'Ik ben lekker stout' en 'De toren van Bemmelekom' bijvoorbeeld. Met prenten in kleur van Harrie Geelen. Voor vier jaar en ouder.

Het grote Annie M.G. Schmidt voorleesboek
Kennismaken met het werk van Annie M.G. Schmidt voor kinderen? Dat kan met dit mooie, grote voorleesboek. De leukste versjes en verhalen, en fragmenten uit alle grote Schmidt-boeken, van *Abeltje* tot *Wiplala*. Met veel illustraties van Fiep Westendorp en anderen, in kleur en zwart-wit. Gemaakt om uit voor te lezen, vanaf vijf tot vijfennegentig jaar!

Allemaal sprookjes
Alle sprookjes van Annie M.G. Schmidt in een mooie grote bundel vol koningen, prinsessen, heksen en reuzen. Verrassend en vrolijk voorleesplezier, met illustraties in kleur van Fiep Westendorp en andere topillustratoren. Voor vier jaar en ouder.

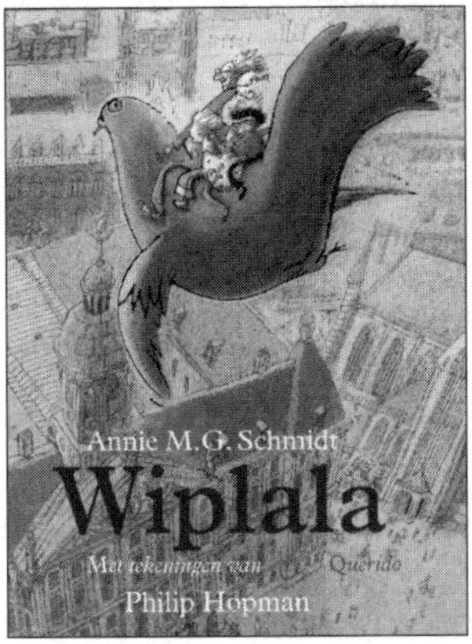

Wiplala
Wiplala is een piepklein mannetje dat kan toveren, 'tinkelen' noemt hij dat, en daarbij wel eens een steek laat vallen. Nella Della, Johannes en meneer Blom vinden dat wel een beetje lastig, maar uiteindelijk beleven ze er heel wat spannende en grappige avonturen door. Met prachtige illustraties in kleur van Philip Hopman. Voorlezen vanaf zes jaar, zelf lezen vanaf acht jaar.

Wiplala weer
Wiplala komt terug bij Nella Della, Johannes en meneer Blom. Vroeger liet hij bij het 'tinkelen' nog wel eens een steekje vallen. Nu lukt het al heel wat beter. Of lijkt dat maar zo? Philip Hopman maakte ook voor dit deel prachtige illustraties in kleur. Om voor te lezen vanaf zes jaar, of zelf lezen vanaf acht jaar.

Andere boeken van Fiep Westendorp

Pim en Pom blijven vriendjes
Pim en Pom spelen vadertje en moedertje, maken plezier en hebben ook wel eens ruzie. Pim klimt hoog op een standbeeld en durft er niet meer af, en Pom heeft een verschrikkelijke nee-zeg-bui.

De poezen van Mies Bouhuys en Fiep Westendorp zijn kinderen en poezen tegelijk, en daardoor kunnen kinderen zich er heerlijk mee identificeren. Om voor te lezen vanaf vier jaar.